AF590622

HISTOIRE ROMAINE

HISTOIRE ROMAINE

90802. — Imprimerie Lahure, 9, rue de Fleurus, à Paris.

COURS COMPLET D'HISTOIRE

A L'USAGE DE L'ENSEIGNEMENT SECONDAIRE

Albert MALET
Ancien Professeur agrégé d'Histoire
au Lycée Louis-le-Grand.

Jules ISAAC
Professeur agrégé d'Histoire
au Lycée Saint-Louis.

HISTOIRE ROMAINE

Rédigée conformément aux programmes du 3 Août 1923.

CLASSE DE CINQUIÈME

AVEC LA COLLABORATION DE

M. ANDRÉ ALBA

Professeur agrégé d'Histoire, detaché au Collège Sainte Barbe

LIBRAIRIE HACHETTE

79, BOULEVARD SAINT-GERMAIN, PARIS

1924

AVERTISSEMENT

Les nouveaux programmes de 1923 ont imposé la refonte du cours de M. Albert Malet, ancien professeur d'histoire au lycée Louis-le-Grand, mort au champ d'honneur. Ce travail a été confié à M. Jules Isaac, professeur d'histoire au lycée Saint-Louis, ancien collaborateur de M. Albert Malet.

Du cours d'Albert Malet, rédigé avec tant de conscience et de talent, son collaborateur a conservé la substance, la méthode, les principes essentiels. Tout en s'appuyant sur une documentation solide, il a eu le souci constant d'établir un texte clair, à la portée des enfants auxquels il est destiné. Il a voulu que ce livre fût véritablement et exclusivement un manuel de classe, auxiliaire de l'enseignement magistral.

Une introduction sommaire, placée en tête de chaque chapitre, a pour but d'attirer l'attention des élèves sur les faits principaux du chapitre et sur leurs caractères essentiels. Elle a été rédigée à dessein en formules simples, nettes, faciles à retenir.

Dans le corps du chapitre, ont été intercalées, en caractères plus petits, des citations, *parfois assez longues, empruntées aux documents qui forment les matériaux de l'histoire. L'explication et le commentaire de ces citations permettront aux maîtres de varier leur enseignement, aux élèves de prendre contact avec ce que l'on peut appeler les réalités historiques, et même de s'exercer dans la classe d'histoire, comme ils le font déjà dans la classe de lettres, à la critique élémentaire des textes. Ainsi compris, l'enseignement de l'histoire satisfera pleinement à ce qui est la fonction éminente de l'enseignement secondaire : la formation de l'esprit critique.*

C'est dans la même intention qu'une part très importante a été donnée ici, comme dans toute l'œuvre d'Albert Malet, à l'illustration, scrupuleusement documentaire, qui accompagne le cours pour lui prêter lumière et vie. Des légendes explicatives, aussi précises que possible apprennent à bien regarder les documents reproduits, à en comprendre les moindres détails. De même que l'explication des textes développe l'esprit critique, l'explication des gravures développera l'esprit d'observation.

***

M. André Alba, professeur d'histoire, détaché au collège Sainte-Barbe a collaboré avec M. J. Isaac à la rédaction du cours d'Histoire Romaine.

Les auteurs tiennent à remercier particulièrement leur collègue et ami M. Gaston Dez, professeur d'histoire au lycée de Poitiers, qui a bien voulu leur continuer sa précieuse collaboration. Ils expriment toute leur gratitude à M. Pottier, de l'Institut, conservateur du musée du Louvre, M. Focillon, professeur d'histoire de l'art à la Sorbonne, M. Jean Bonnerot, bibliothécaire à la Sorbonne, MM. les conservateurs du Cabinet des Médailles à la Bibliothèque Nationale et du musée de Saint-Germain, à l'obligeance et à la compétence desquels ils ont eu recours pour établir l'illustration du présent volume.

EXTRAIT DES PROGRAMMES OFFICIELS

Décret du 3 Août 1923

HISTOIRE

(deux heures)

Histoire Romaine.

I

Description de l'Italie. Les anciennes populations. Les Étrusques. Les colonies grecques.

Les latins. Traditions sur la Rome primitive. les rois.

La cité primitive : les *gen[te]s*, le Sénat, le patriciat, la plèbe, Servius Tullius.

La religion romaine primitive Les dieux, le culte.

Abolition de la royauté. Le Consulat et la dictature. Lutte des patriciens et des plébéiens. Le tribunat de la plèbe

Les décemvirs. La loi des douze tables. La censure. L'égalité politique. La préture.

L'armée romaine : le camp, le triomphe.

Conquête de l'Italie. Les colonies; les voies militaires.

Rome et Carthage. La Première guerre punique; Hamilcar.

La seconde guerre punique. Hannibal et Scipion l'Africain, Zama.

La vie politique à Rome. Le Sénat; une séance du Sénat. Les comices; une assemblée du peuple. Le forum.

II

Conquête du bassin de la Méditerranée orientale. Philippe de Macédoine, Antiochus de Syrie.

Conquête de la Méditerranée occidentale, Espagne; Gaule méridionale; Carthage, Scipion Emilien.

Conséquences politiques et sociales des conquêtes. L'hellénisme à Rome. Transformations religieuse, morale, littéraire. Caton le Censeur.

La noblesse; l'ordre équestre; la nouvelle plèbe. La grande propriété et l'esclavage.

Les mœurs romaines : l'habitation; le vêtement; les repas et les jeux. La vie dans les provinces; les publicains.

Les Gracques; les lois agraires.

Marius; Jugurtha et les Cimbres.

La rivalité de Marius et de Sylla; les proscriptions: lois cornéliennes.

Pompée. Les triomphes en Orient. Mithridate; Cicéron, Verrès et Catilina.

César. Le premier triumvirat. La conquête des Gaules. Vercingétorix.

La guerre civile, Pharsale. Dictature de César.

Octave et Antoine. Le second triumvirat. Actium.

III

Auguste. Organisation du nouveau régime politique. La défense des frontières, luttes contre les Germains. Varus.

Les lettres et les arts au siècle d'Auguste : Virgile. Horace, Tite-Live.

L'Empire au premier siècle : Tibère, Néron, les Flaviens.

Les Antonins : Trajan, Hadrien, Antonin, Marc Aurèle.

Le gouvernement et l'administration de l'empire : les provinces Les frontières du Rhin, du Danube, de l'Euphrate. La paix romaine.

La vie romaine sous l'empire. Les spectacles: le cirque, l'amphithéâtre. Pompéi. Les lettres depuis la mort d'Auguste: Sénèque, Pline le Jeune, Tacite.

Le christianisme : l'Eglise primitive; les martyrs.

L'empire au troisième et au quatrième siècle : le nouvel empire romain. Les préfectures Les curiales. Le christianisme triomphant; les évêques et les conciles. Les Pères de l'Eglise

Le monde barbare au delà du Rhin et du Danube. Mœurs des Germains; les invasions du troisième au cinquième siècle.

Alaric et les Visigoths: Attila et les Huns. Ruine de l'empire d'Occident.

Revision des principaux faits et de la chronologie avec indication des synchronismes entre la Grèce et Rome.

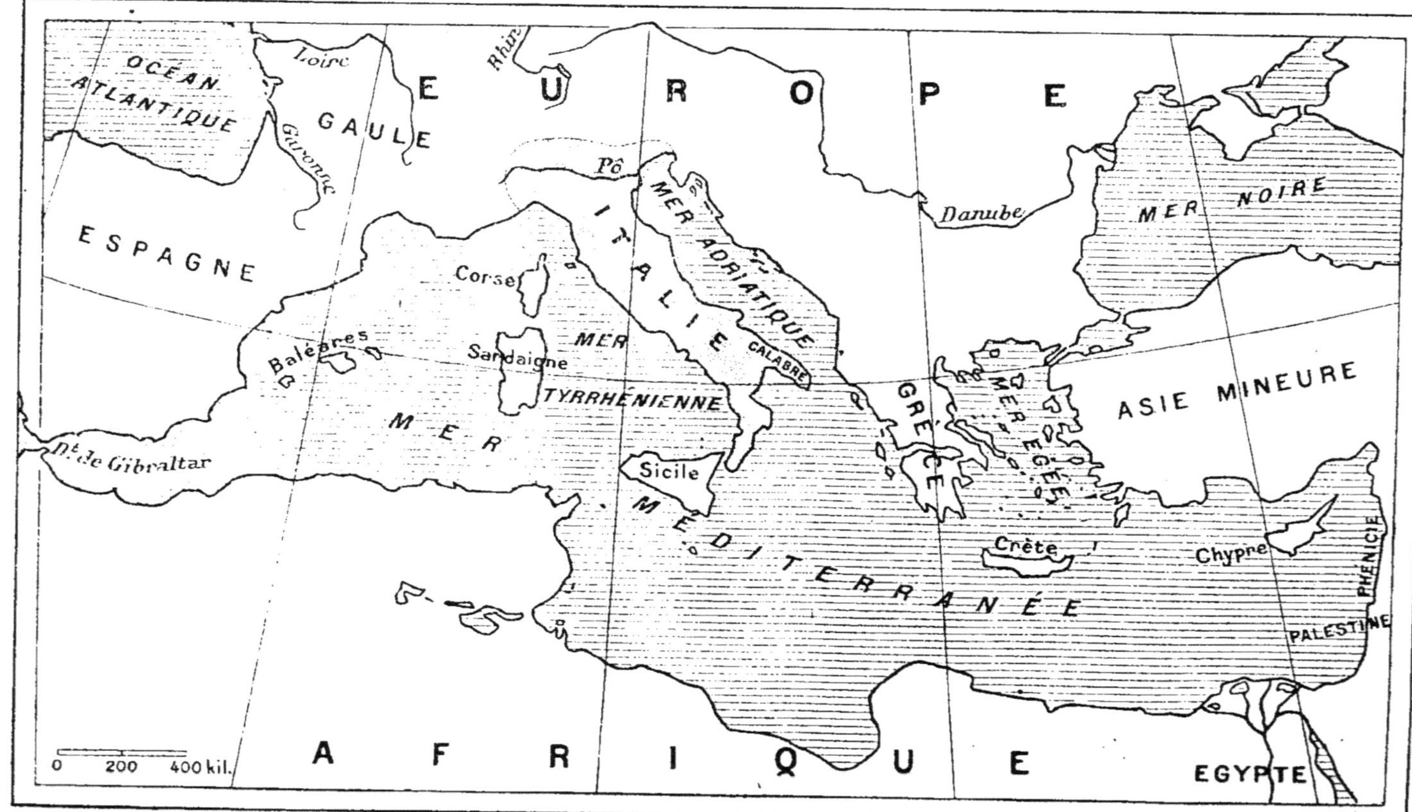
OCÉAN ATLANTIQUE
Loire
Garonne
GAULE
Rhin
EUROPE
Pô
Danube
MER NOIRE
ESPAGNE
Corse
Baléares
Sardaigne
MER TYRRHÉNIENNE
ITALIE
MER ADRIATIQUE
CALABRE
GRÈCE
MER ÉGÉE
ASIE MINEURE
Dt de Gibraltar
MER
Sicile
MÉDITERRANÉE
Crète
Chypre
PHÉNICIE
PALESTINE
0 200 400 kil.
AFRIQUE
EGYPTE

HISTOIRE ROMAINE

CHAPITRE I

DESCRIPTION DE L'ITALIE

Comme la Grèce, l'Italie est une péninsule méditerranéenne. Elle est moins découpée par la mer, mais elle occupe une situation plus centrale et ses ressources agricoles sont plus abondantes.

L'Italie est parcourue du Nord au Sud par la longue arête montagneuse de l'Apennin. Les plaines les plus importantes se trouvent du côté de l'Ouest, en bordure de la mer Tyrrhénienne.

Au cœur de l'Italie, sur un groupe de sept collines qui dominent le cours inférieur du Tibre, s'établit la ville de Rome, destinée à devenir la capitale du monde antique.

SITUATION E L'ITALIE

L'*Italie*, berceau de la puissance romaine, est une longue péninsule, qui s'étend entre la mer Adriatique à l'Est et la mer Tyrrhénienne à l'Ouest. Elle ressemble de façon singulière à une botte.

L'Italie occupe une *situation très favorable*, qui la prédisposait à jouer un grand rôle en Europe et dans le monde méditerranéen. En effet, elle est au centre de la mer Méditerranée qu'elle partage en deux bassins, la Méditerranée occidentale et la Méditerranée orientale. D'autre part, grâce à sa forme allongée, elle se rapproche à la fois de la Gaule et de l'Europe centrale au Nord, de la Grèce à l'Est, et de l'Afrique au Sud.

L'ITALIE TINENTALE

L'Italie comprend deux régions tout à fait différentes l'une de l'autre : l'Italie continentale et l'Italie péninsulaire.

L'Italie continentale est une grande plaine encadrée par les montagnes des Alpes à l'Ouest et au Nord, et de l'Apennin au Sud. De plus en plus large à mesure qu'on va vers l'Est, elle se termine sur la mer Adriatique, par une côte basse, bordée de lagunes et peu hospitalière. Elle est parcourue de l'Ouest à l'Est par un grand fleuve, le Pô, que grossissent de nombreux affluents, venus les uns des Alpes comme le *Tessin* et l'*Adda*, les autres de l'Apennin comme la *Trebbie*. Cette plaine humide a un climat assez rude, très froid en hiver, très chaud et orageux en été, mais elle a toujours été un riche pays agricole : les Anciens y cultivaient les céréales et la vigne, et les forêts de chênes, alors très vastes, nourrissaient d'immenses troupeaux de porcs.

A la vérité *ce pays ne faisait pas partie de l'Italie telle que la délimitaient les Anciens.* Comme il fut assez tôt peuplé de Gaulois, on l'appela ***Gaule Cisalpine***. L'Italie proprement dite ne commençait que lorsqu'on avait franchi au Sud le petit fleuve du *Rubicon* qui se jette dans la mer Adriatique.

L'ITALIE PÉNINSULAIRE L'APENNIN

L'Italie péninsulaire est toute différente : elle est très allongée, très étroite et très montagneuse. L'***Apennin***, qu'on a comparé à une épine dorsale, la parcourt du Nord au Sud jusqu'au détroit de Messine. Il ne forme pas une chaîne unique et continue, mais des chaînons parallèles séparés par des vallées étroites que suivent des rivières au cours tourmenté. Si sa hauteur moyenne ne dépasse guère 1000 mètres, on y trouve, surtout dans la région des *Abruzzes*, de hauts sommets neigeux qui atteignent presque 3000 mètres. Ses massifs, aujourd'hui pour la plupart dénudés, jadis très boisés, sont entaillés de gorges étroites et peu accessibles. Comme en Grèce, le morcellement du relief a eu pour conséquence le morcellement des habitants en un grand nombre de peuplades qui furent longtemps attachées à leur indépendance. Ces peuples ne trouvaient guère de ressources que dans l'exploitation des maigres pâturages de montagne ; la pauvreté les poussait à se faire brigands et ils descendaient souvent dans la plaine pour la piller.

LES PLAINES

En effet, de part et d'autre de l'Apennin, des plaines s'étendent le long des côtes. Les plus importantes, celles qui ont joué le principal rôle dans l'Histoire, sont en bordure de la mer Tyrrhénienne : à l'inverse de la Grèce, l'*Italie est plutôt tournée vers l'Ouest que vers l'Est.*

PANORAMA DE L'APENNIN.

Dans l'Italie péninsulaire, la plaine ne s'étend jamais bien loin, et l'Apennin surgit toujours à l'horizon avec ses escarpements abrupts, forteresse naturelle dont les habitants ont longtemps terrorisé les populations de la plaine Au premier plan, ruines d'un château fort du Moyen Age.

Formées par les alluvions des fleuves et les dépôts des éruptions volcaniques -- car il y a de nombreux volcans en ces parages —, les plaines de la péninsule italienne sont naturellement fertiles. Elles jouissent d'un climat assez semblable à celui de la Grèce ou de notre Provence : l'hiver y est doux, avec de brusques coups de vent froid venu du Nord — l'*Aquilon* des Anciens —, l'été est sec et brûlant; parfois quand souffle l'*Auster*, le vent du Sud, la chaleur devient insupportable. Les pluies tombent en grosses averses au printemps et surtout à l'automne.

Parmi les plaines qui bordent la mer Tyrrhénienne, les principales sont, du Nord au Sud : l'*Étrurie*, le *Latium* et la *Campanie*. Le long de la mer Adriatique, la seule plaine importante est l'*Apulie*. Les unes et les autres sont riches en blé, oliviers, vignes et troupeaux. On peut cependant distinguer les deux premières, l'Étrurie et le Latium, des deux autres plus méridionales.

Photo. Rivista Marittima italiana.

LE LAC NÉMI.

La campagne romaine est dominée par les monts Albains, qui sont des volcans éteints. L'un des cratères est occupé par le lac Némi qui a 34 mètres de profondeur, et dont les eaux sont remarquablement claires et calmes. Il y avait jadis près du lac un bois consacré à la déesse Diane.

ÉTRURIE ET LATIUM

Par suite de la courbe de l'Apennin qui se rapproche de la mer Adriatique, l'***Étrurie*** et le ***Latium*** sont deux plaines assez spacieuses. Traversées, la première par l'*Arno*, la seconde par le *Tibre*, torrents qui entraînent beaucoup d'alluvions, elles sont loin d'être absol ment plates. L'Etrurie est parsemée de nombreuses collines qui en font un pays très ondulé, et le Latium est accidenté par d'anciens volcans aujourd'hui éteints, tels les *monts Albains* à côté de Rome : leurs cratères sont parfois occupés par des lacs comme le lac d'Albano et le lac Némi.

Le sol est riche à l'intérieur, mais les côtes basses, rectilignes, bordées de dunes et de marais, sont malsaines et peu hospitalières. La fièvre sévit dans les *Maremmes* d'Étrurie et les *Marais Pontins* du Latium. Jadis, il est vrai, le pays était moins insalubre: mais de tout temps les Latins redoutaient la déesse Fièvre, la mortalité augmentait aux mois de juillet et d'août : « A Rome, disait le poète latin Horace, l'été fait ouvrir les testaments. » Jadis, comme aujourd'hui, les gens riches quittaient la plaine pendant la saison chaude et allaient respirer sur les collines voisines un air plus pur.

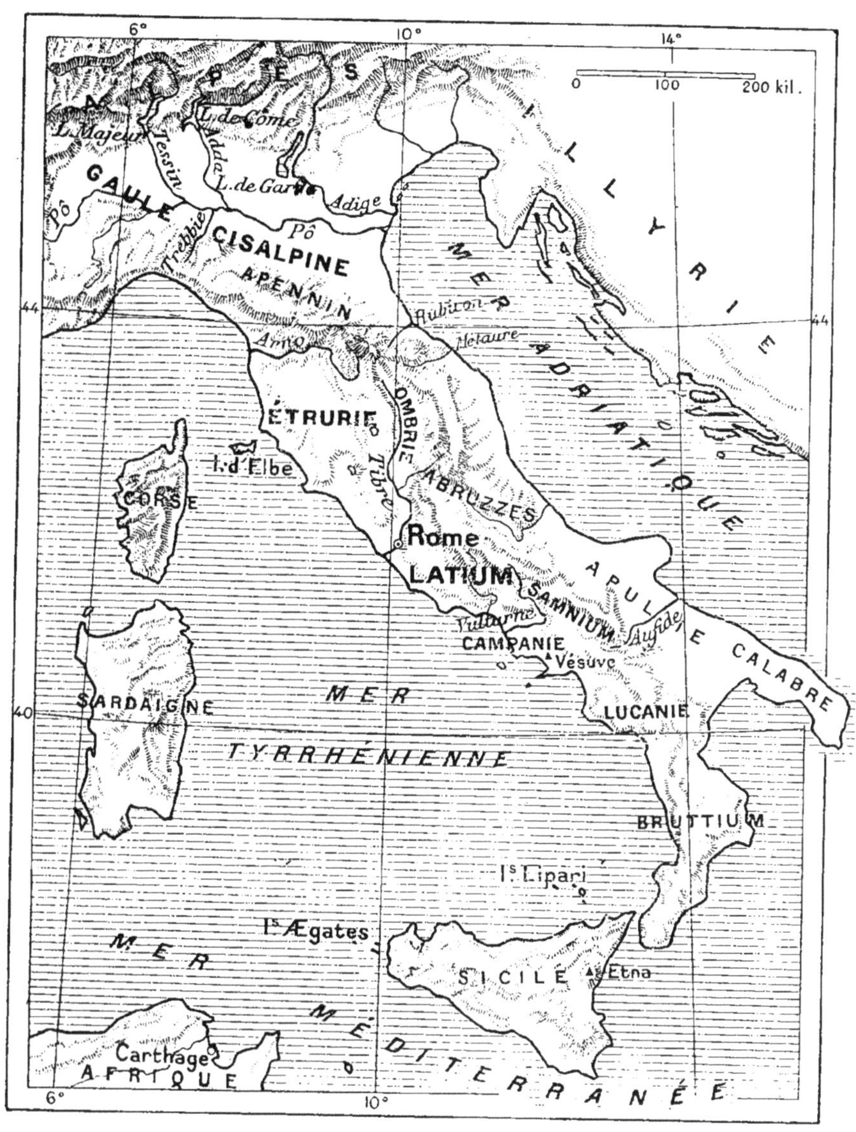

L'Italie ancienne.

CAMPANIE ET APULIE

Dans le sud de la péninsule les plaines sont disposées sur les deux versants : à l'Ouest, la ***Campanie***, traversée par le *Vulturne* et dominée par le volcan du *Vésuve* : à l'Est, l'***Apulie***, traversée par l'*Aufide*.

La Campanie a toujours été célébrée comme une terre opulente entre toutes : fertilisée par les cendres volcaniques, elle donne le blé, l'orge, l'avoine, la vigne, l'olivier. L'histo-

RIVAGES DE LA MER TYRRHÉNIENNE. — NAPLES ET LE VÉSUVE.

Au premier plan, maquis d'arbustes dominé par le bouquet de feuillage d'un pin parasol. A l'arrière plan, le volcan du Vésuve, toujours en activité, au pied duquel s'allonge la ville de Naples. Les plaines de formation volcanique qui bordent la mer Tyrrhénienne sont les régions les plus fertiles de l'Italie, et la plus riche de toutes est la campagne de Naples ou Campanie.

rien grec Polybe, qui la vit vers 150 av. J.-C., écrivait : « Les dieux ont dû s'en disputer la possession à cause de la richesse et de la beauté dont elle brille. » L'Apulie est presque aussi riche. Plus au Sud au contraire, les régions montagneuses de la *Lucanie* et du *Bruttium* à l'Ouest, le plateau sec et brûlé de la *Calabre* à l'Est, sont des pays pauvres. D'autre part, si les côtes du golfe de Tarente et de la mer Adriatique sont souvent rectilignes et peu favorables, celles de la mer Tyrrhénienne sont au contraire élevées, rocheuses, bien découpées et de nombreux ports ont pu s'y installer.

LES ILES

Comme la Grèce, l'Italie a son cortège d'îles, mais beaucoup moins nombreuses. Elles forment deux groupes : en face de l'Italie méridionale la *Sicile* et les petits archipels voisins, îles *Ægates* et *Lipari* ; plus au Nord en face de l'Italie centrale la petite île d'*Elbe* et, à grande distance, les deux masses de la *Corse* et de la *Sardaigne*.

Par son relief que domine l'énorme cône volcanique de l'*Etna* — plus de 3000 mètres d'altitude — au sommet « illuminé pendant la nuit de clartés étincelantes, et enveloppé tout le jour de fumée », par son littoral dentelé, la **Sicile** rappelle la Campanie dont quelques-unes de ses plaines égalaient jadis la richesse. La Corse et la Sardaigne, au contraire, toutes en rochers et en broussailles, sont beaucoup moins fertiles.

LE SITE DE ROME

Dans cette grande péninsule, un site mérite de retenir particulièrement l'attention : c'est celui où s'est élevée ***Rome***. A quelque distance du point où le Tibre, s'échappant des montagnes, entre dans la plaine du Latium et s'infléchit vers la mer, il heurte sur sa rive droite la colline du *Janicule*; rejetées vers l'Est, ses eaux ont rongé le plateau de cendres durcies qui les dominait de ce côté; elles y ont mis en saillie une série de collines peu élevées — la plus haute dépasse à peine 60 mètres — dont sept surtout sont célèbres : le *Quirinal*, le *Viminal*, l'*Esquilin*, le *Cælius*, l'*Aventin*, entourant de leur demi-cercle les buttes isolées du *Capitole* et du *Palatin*. Sur les pentes des *sept collines* et dans les vallées qui les séparent s'est établie la ville de Rome[1].

Le site présentait, il est vrai, des inconvénients : les bas-fonds marécageux avaient besoin d'être drainés et la campagne voisine était peu fertile. Mais il avait aussi des avantages : le Tibre, moins torrentiel qu'en amont, pouvait être facilement franchi par un pont, et les barques pouvaient le descendre ou le remonter entre la ville et la mer; d'autre part, située à vingt kilomètres de la côte, Rome n'avait pas à craindre une attaque brusquée de pirates; les sept collines et le Janicule formaient d'excellentes forteresses naturelles; enfin Rome occupait en Italie une position centrale et pouvait communiquer facilement avec tous les points de la péninsule.

Tous ces avantages, dit l'historien latin Tite Live, faisaient des sept collines « *un lieu unique au monde pour le développement d'une grande cité* ».

1. Voir ci-dessous le *plan de Rome*, p. 31.

CHAPITRE II

LES ANCIENS PEUPLES DE L'ITALIE ITALIOTES, ÉTRUSQUES ET GRECS

Les fouilles entreprises de nos jours ont montré que dès l'âge de la pierre l'Italie était habitée.

Plus tard, des envahisseurs venus du Nord, les Italiotes, proches parents des Grecs, apportèrent avec eux le bronze, puis le fer. Parmi eux étaient les Latins.

Enfin deux peuples orientaux, les Étrusques et les Grecs, s'établirent en Italie et civilisèrent les Italiotes encore barbares. Aux septième et sixième siècles av. J.-C., les Étrusques furent le peuple le plus puissant de l'Italie.

LES PREMIERS HABITANTS DE L'ITALIE

Pas plus que les Grecs, les Romains ne savaient rien de certain sur leurs origines. Seules les fouilles nous font un peu connaître les premiers peuples qui vécurent en Italie. On a trouvé des squelettes et des instruments qui datent de l'époque de la pierre taillée et surtout de la *pierre polie* : les hommes vivaient alors dans des cabanes rondes ou ovales, percées seulement d'une porte et d'un trou au sommet du toit pour laisser passer la fumée; ils enterraient leurs morts, parfois sous le foyer, couchés sur le côté gauche, les jambes repliées et le corps peint en ocre. Ils étaient petits, de teint foncé, et appartenaient à un groupe de peuples établis dans tout le bassin occidental de la Méditerranée, en Algérie et en Espagne comme en Italie.

Leurs descendants à l'époque historique semblent avoir été les Ligures du golfe de Gênes : aussi a-t-on donné le nom de *Ligures* à ces premiers habitants de l'Italie. Ils occupaient sans doute toute la péninsule, mais ils furent refoulés ou subjugués par des envahisseurs venus du Nord, les *Italiotes*.

Urne funéraire en forme de maison primitive.
Musée de Saint-Germain.

Une case dans un village du Niger.
D'après une photographie.

Cette urne de terre cuite, en forme de cabane, a été trouvée non loin de Rome dans la région d'Albano — près de l'Albe des Anciens —. On voit que les cabanes des anciens Italiotes ressemblent tout à fait aux cases des noirs d'Afrique ou d'Océanie.

LES ITALIOTES

On appelle ***Italiotes*** les peuples indo-européens, proches parents des Grecs, qui, dans le courant du deuxième millénaire (2000 à 1000 av. J.-C.), quittèrent la région des Alpes orientales et centrales pour envahir l'Italie. Ils arrivèrent en deux bans : les premiers apportèrent en Italie l'usage du *bronze*, les seconds l'usage du *fer*.

L'AGE DU BRONZE

Dans la partie orientale de la plaine du Pô, surtout au sud du fleuve, on a trouvé les restes de nombreux villages établis sur des pilotis qui sont enfoncés dans la terre ferme. Ces villages ont reçu le nom de *terramares*. Un terramare avait la forme d'un rectangle entouré d'un large fossé doublé d'un rempart. Des pilotis soutenaient un plancher de bois recouvert d'argile et de sable, et divisé en quatre parties par deux rues qui se coupaient à angle droit. Sur le plancher s'élevaient des cabanes rondes à toit de chaume. On jetait les déchets entre les pilotis et, quand ils avaient atteint la hauteur du plancher, on y enfonçait de nouveaux pilotis et on surélevait le terramare d'un étage.

En étudiant ces débris on a vu que les habitants dés terramares avaient des animaux domestiques : le cheval, le chien, le

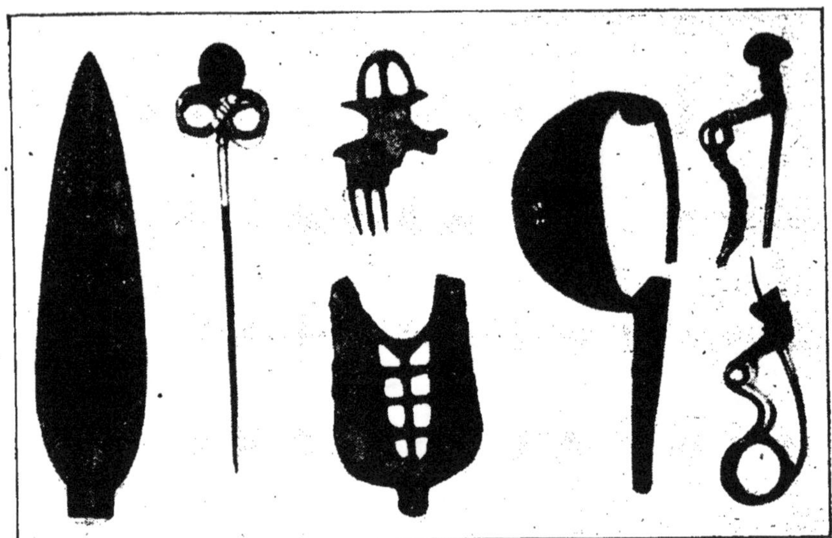

OBJETS EN BRONZE TROUVÉS DANS LES TERRAMARES.
Musée de Saint-Germain.

De gauche à droite : pointe de javelot, épingle à cheveux, fragment de peigne et rasoir, fibules ou agrafes semblables à nos épingles de sûreté. Ces différents objets en bronze montrent qu'à l'époque des terramares l'industrie métallurgique était déjà assez développée.

bœuf, le porc, le mouton et la chèvre; ils savaient cultiver la terre, car on a retrouvé des fèves, du blé et des meules à broyer le grain. Ils tissaient la laine et le lin. Enfin, ils connaissaient l'usage du métal. Ils savaient fabriquer le *bronze* : les fouilles ont mis au jour des armes, des bijoux, des outils de bronze, et des milliers d'épingles de sûreté ou « fibules ». Au lieu d'enterrer leurs morts, comme les Ligures, les habitants des terramares les incinéraient et conservaient les cendres dans des urnes funéraires.

La civilisation des terramares, s'étendit à toute l'Italie ; nous la retrouvons sur les rives du golfe de Tarente, dans le Latium près des monts Albains et sur l'emplacement même de Rome.

L'AGE DU FER

Vers l'an 1000 av. J.-C., à peu près dans le même temps que les Doriens s'établissaient en Grèce, un deuxième ban d'Italiotes pénétra en Italie. *Les nouveaux venus savaient se servir du fer.* Profitant de la supériorité que leur donnaient leurs armes de fer, ils chassèrent de la plaine du Pô les habitants des terramares et s'installèrent à leur place. On a retrouvé les traces de leur civilisation princi-

Photo Hachette.

SARCOPHAGE ÉTRUSQUE.

Musée du Louvre.

Le sarcophage est en terre cuite. Il a la forme d'un lit, du type de ceux sur lesquels on s'étendait pour manger. Les deux personnages, le mari et la femme, sont étendus sur un matelas ; chacun d'eux a un coussin sous le bras gauche. Remarquez les yeux fendus en amande et relevés vers les tempes comme chez les Chinois. Les Étrusques ne ressemblaient pas aux autres peuples de l'Italie ; ils étaient plus foncés de teint, plus trapus, souvent obèses.

palement à *Villanova*, dans le voisinage de Bologne. Par la suite, les envahisseurs conquirent encore le pays qui devait être l'Étrurie, puis toute la région montagneuse de l'Apennin où ils s'établirent sous le nom d'*Ombriens*, de *Samnites*, de *Lucaniens* et de *Bruttiens*.

Malgré leurs armes de fer, les Italiotes étaient encore des barbares. Ils furent civilisés par deux peuples venus d'Orient, les Étrusques et les Grecs.

LES ÉTRUSQUES

« Par leur langue et par leurs mœurs, disait un historien ancien, les ***Étrusques*** se distinguent de tous les autres peuples. » Encore aujourd'hui ils sont pour les historiens un objet d'étonnement. Nous ne savons exactement ni leur origine, ni la date et le lieu de leur arrivée en Italie. Les 8000 inscriptions qu'ils nous ont laissées ne nous renseignent pas, car nous n'avons pu encore les déchiffrer :

EXTENSION DE L'EMPIRE ÉTRUSQUE

Tout porte à croire cependant que, selon la tradition, ils étaient *venus par mer d'Asie Mineure en Italie*. Certains motifs de décorations — lions, tigres, sphinx — qu'on rencontre chez eux, certains détails de leur vêtement et de leurs coutumes religieuses, rappellent l'Asie. Ils abordèrent sans doute vers 850 av. J.-C. sur la côte de la mer Tyrrhénienne et enlevèrent l'Etrurie aux Italiotes.

Ils s'emparèrent ensuite de la *Campanie*, où ils fondèrent la ville de *Capoue*, et même du *Latium* avec *Rome*. Peu après, alliés aux Carthaginois, ils fermèrent aux Grecs l'entrée de la mer Tyrrhénienne : en 536 ils les chassèrent de Corse et prirent l'île, pendant que Carthage occupait la Sardaigne. Enfin, vers 525, ils franchirent l'Apennin, enlevèrent encore aux Italiotes la *plaine du Pô* et établirent leur ville de *Bologne* à côté de l'antique Villanova.

ORGANISATION DE L'EMPIRE ÉTRUSQUE

Il faut se représenter ces envahisseurs étrusques comme des guerriers aventureux qui purent, grâce à d'heureuses circonstances, subjuguer une partie de l'Italie. Mais ils furent toujours *très peu nombreux*. Les villes qu'ils construisirent au sommet des collines étaient des postes fortifiés avec d'épaisses murailles et des portes monumentales, semblables aux villes achéennes de Mycènes et de Tyrinthe. Du haut de ces châteaux forts, cette poignée de conquérants commandait aux indigènes réduits en esclavage.

Dans l'Étrurie proprement dite, les principales villes étaient : *Volaterrae* au Nord; *Clusium*, *Pérouse* et *Volsinii* sur le haut Tibre, *Tarquinii*, *Cæré* et *Veii* au Sud.

Ces villes formaient bien entre elles des confédérations, mais le lien religieux qui les unissait était très lâche. En fait, chacune était indépendante. Les nobles, c'est-à-dire les descendants des conquérants, choisissaient les magistrats. Ceux-ci avaient une robe de pourpre; ils siégeaient sur un tabouret sans dossier aux pieds d'ivoire recourbés et croisés, ils marchaient dans la rue précédés de douze huissiers ou *licteurs*, qui portaient des faisceaux de baguettes d'où sortait une hache.

LA CIVILISATION ÉTRUSQUE

Sous leur impitoyable domination, les indigènes surent mettre en valeur toutes les ressources du pays. L'Étrurie principalement devint la région la plus riche de l'Italie. Le sol, souvent marécageux et insalubre, fut drainé, assaini et se couvrit de riches moissons.

Les villes furent des *centres industriels* où l'on travaillait le cuivre, le fer de l'île d'Elbe, le bronze, l'or et l'argent. A côté de bijoux, d'armes, de coffrets, les tombeaux étrusques nous ont livré une multitude de *vases*. La plupart ont simplement été copiés sur des vases grecs ou importés de Grèce.

DEUX VIEILLARDS ÉTRUSQUES.
Fragment d'une peinture d'un tombeau de Cœré (aujourd'hui Cervetri).
Musée du Louvre.

Cette peinture rappelle à la fois les peintures des vases grecs et des monuments égyptiens. Les vieillards — sans doute des magistrats — sont vêtus de tuniques plissées, enveloppés d'une sorte de manteau qui laisse l'épaule et le bras droit libres. Ils sont chaussés de hautes bottines. Ils sont assis sur des tabourets aux pieds croisés, appelés par les Romains chaises curules.

Les relations étaient en effet très actives entre la Grèce et l'Étrurie. La marine étrusque interdisait aux vaisseaux grecs l'accès de la mer Tyrrhénienne, mais elle allait chercher elle-même sur la côte de la Campanie les marchandises grecques reçues par Sybaris et transportées par terre jusqu'à Naples.

Par l'importance de leur commerce, leur habileté à travailler les métaux, et aussi leur manque de goût artistique et leur habitude d'imiter les modèles des autres peuples, les *Étrusques rappellent les Phéniciens*.

LA RELIGION ÉTRUSQUE. LE CULTE DES MORTS

Leur religion non plus ne fut pas originale : elle était un mélange de croyances asiatiques, italiennes et grecques. De façon générale, elle était *sombre et terrible*. Les morts habitaient un séjour peuplé d'affreux démons : le vieillard *Charon* assommait ses victimes avec un maillet. *Mantus* les brûlait avec une

Photos communiquées par M. E. Pottier.

VASES ÉTRUSQUES.

Musée du Louvre.

Les véritables vases étrusques, ceux qui ne sont pas de fabrication grecque, sont souvent de formes bizarres. A gauche, vase funéraire destiné à contenir les cendres d'un mort : en guise de couvercle, l'artiste a sculpté une tête rappelant les traits du défunt. A droite, vase formé par la combinaison d'une jambe et d'une tête : il ressemble curieusement à une pipe.

torche; *Tuculcha* avait un bec d'aigle, des oreilles d'âne et des serpents pour cheveux. Tourmentés sous terre, les morts revenaient au jour pour tourmenter les vivants; on les apaisait par une sorte de sacrifice humain, en faisant combattre sur la tombe des *gladiateurs* qui s'entre-tuaient et dont le sang apaisait le défunt.

Au début, les Étrusques enterraient leurs morts dans de *grands caveaux*, creusés dans le roc, qui rappellent les hypogées égyptiens. Ils enfermaient le cadavre dans un sarcophage de pierre qu'ils décoraient de sculptures et de peintures. De même, sur les parois du tombeau et sur les piliers, ils peignaient à la fresque des scènes de la vie courante qui nous permettent de nous faire une idée de leurs mœurs. Plus tard, ils adoptèrent la coutume de l'incinération sans toutefois modifier le caractère des tombeaux.

TOMBEAU ÉTRUSQUE.

Ce tombeau rappelle les chambres sépulcrales d'Égypte. Mais les piliers sont terminés par des chapiteaux qui rappellent les chapiteaux ioniens. Les murs sont couverts de bas-reliefs peints, représentant des objets familiers, casques, haches, boucliers, épées. Les renfoncements étaient sans doute destinés à recevoir chacun un cadavre. L'ensemble offre l'aspect d'une cabine de navire avec ses couchettes, ou bien d'une chambre de paysans bretons, avec les lits en armoire.

LA DIVINATION

Les dieux n'étaient pas moins redoutables que les morts. A leur tête se plaçait une Triade composée de *Tinia*, le dieu suprême, et de deux déesses, *Cupra* et *Menerva* divinités que les Romains adoptèrent sous les noms de *Jupiter*, *Junon* et *Minerve*. Le principal souci des hommes était de connaître leur volonté de façon à ne rien faire qui pût les offenser. De là la science de la *divination* qui n'est pas spéciale aux Étrusques, mais qu'ils développèrent plus qu'aucun autre peuple dans l'antiquité.

« On rapporte, dit l'écrivain latin Cicéron dans son livre *La divination*, qu'un laboureur conduisant un jour sa charrue dans un champ près de Tarquinii, au moment où le soc s'enfonçait plus profondément, vit sortir brusquement du sillon un certain *Tagès* qui lui adressa la parole. Ce Tagès, d'après les livres étrusques, avait la figure d'un enfant et la sagesse d'un vieillard. A son aspect, le laboureur étonné poussa un cri d'admiration, la foule accourut et bientôt toute l'Etrurie se rassembla en cet endroit. Alors Tagès parla longtemps devant cette multitude qui recueillit ses paroles et les mit par écrit. Et c'est ce discours qui contient le fondement de la Science de la divination. » (CICÉRON, *La divination*.)

Les prêtres versés dans cette science s'appelaient *haruspices* : ils savaient dire l'avenir en observant les entrailles des victimes, connaître la volonté des dieux d'après les éclairs, interpréter certains événements extraordinaires appelés *prodiges* et indiquer les cérémonies expiatoires pour apaiser les dieux.

DÉCADENCE DES ÉTRUSQUES

L'empire étrusque ne fut pas durable. Il s'écroula par morceaux en deux siècles environ, de 500 à 300. Les Etrusques, nous l'avons vu, n'étaient qu'une poignée ; mais leurs ennemis étaient nombreux.

Vers 500, d'après la tradition, les *Latins* secouèrent leur joug, aidés par les Grecs de Cumes. Quand les Étrusques, pour se venger, attaquèrent Cumes en 474, leur flotte fut anéantie par les *Syracusains*. Vers 440, les *Samnites* leur enlevèrent Capoue et la Campanie, et à partir de 400 les *Gaulois* les chassèrent de la plaine du Pô. De toutes leurs possessions, ils ne gardaient plus que l'Étrurie, et nous verrons les Romains, après de longues guerres, les réduire à l'état de simples vassaux vers l'année 300 av. J.-C.

ROLE DES ÉTRUSQUES EN ITALIE

Bien que leur domination ait été éphémère, les *Etrusques ont exercé une grande influence sur les Italiotes et particulièrement sur les Romains.* Ce sont eux peut-être qui ont fait de Rome une véritable ville, ils ont enseigné aux Romains la façon de construire une maison, l'emploi de la voûte et des arches, l'art de faire des égouts et des canaux de drainage ; ils leur ont transmis les règles de la divination, l'habitude de représenter les dieux sous forme humaine et de leur élever des temples ; les insignes des premiers magistrats romains furent ceux des magistrats étrusques ; enfin les Étrusques ont fait connaître aux Romains les premiers rudiments de la civilisation qu'ils avaient eux-mêmes imitée et qui devait, bien plus que la leur, façonner les mœurs romaines, la civilisation grecque.

LES GRECS

Les ***Grecs*** commencèrent à débarquer dans l'Italie du Sud au début du huitième siècle av. J.-C. Bientôt attirés dans ce pays qui ressemblait à leur patrie, ils s'y établirent si nombreux qu'on finit par appeler l'Italie

TEMPLES DE PAESTUM.

Les cités grecques d'Italie méridionale et de Sicile rivalisèrent avec les cités de la métropole par la beauté de leurs édifices. Les temples de Paestum comptent parmi les plus beaux. Ils sont de l'ordre dorique, mais de forme plus massive que le Parthénon d'Athènes. Paestum est située au sud de Naples, sur les bords du golfe de Salerne.

méridionale la *Grande Grèce*[1]. Les principales colonies grecques en Italie furent : sur le golfe de Tarente, *Sybaris, Crotone, Tarente*; en Campanie, *Cumes*, la plus ancienne, puis *Naples* et *Paestum*. Quelques-unes, surtout Sybaris et Tarente devinrent presque aussi riches que les grandes cités grecques de Sicile, Syracuse et Agrigente.

La Grèce italienne demeura en relations étroites avec la mère-patrie : *la civilisation y fut la même que dans la Grèce propre* : même religion poétique, même passion pour les exercices du corps et la culture de l'esprit. C'est en Grande Grèce que l'on a retrouvé quelques-uns des plus beaux et des plus grands temples grecs : tel le temple de Poseidon à Paestum. De même les *rivalités de cité à cité* et les luttes politiques furent au moins aussi vives en Italie que dans la mère-patrie. Vers 510 av. J.-C., Sybaris, dont l'opulence excitait la jalousie des autres cités, fut détruite par Crotone.

Aussi *la décadence vint-elle vite*. A partir du cinquième siècle, les Grecs reculèrent devant les Italiotes de l'intérieur, Samnites,

1. Voir *l'Orient et la Grèce*, chapitre XII.

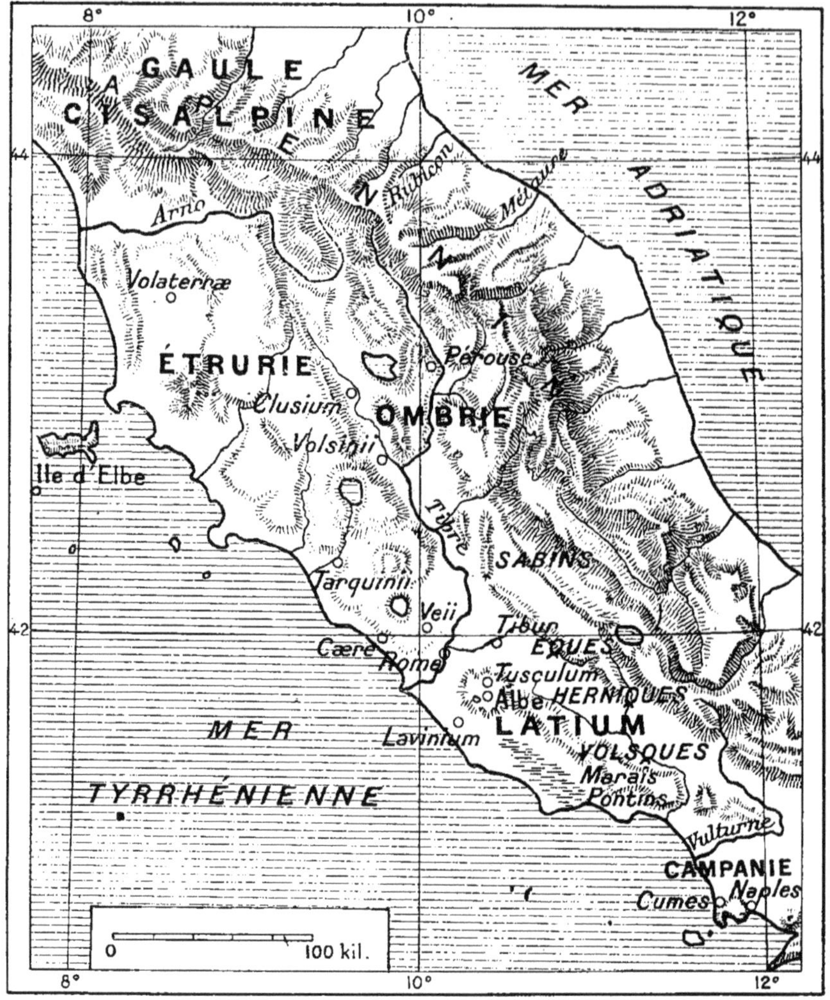

L'Italie centrale.

Lucaniens, Bruttiens, comme ils reculaient en Sicile devant les Carthaginois, jusqu'au jour où, vers 270 av. J.-C., ils durent reconnaître, comme les Étrusques, la suzeraineté de Rome.

Du moins, comme ils étaient beaucoup plus civilisés que les autres peuples de l'Italie, leur influence fut-elle immense. Ils avaient déjà éduqué les Étrusques ; ils civilisèrent aussi les rudes Italiotes ; ils leur apportèrent, comme aux Étrusques, l'alphabet, puis leurs familles de dieux à visage humain, leurs temples à colonnes, l'usage de la monnaie d'argent, leur littérature, enfin, leur science et leur art.

CONCLUSION LE LATIUM

Les traces de l'influence des différents peuples qui avaient envahi l'Italie se retrouvent au centre de la péninsule italienne dans la plaine du Tibre appelée *Latium*. Les Italiotes des terramares s'y installèrent et s'y mêlèrent aux Ligures primitifs pour former le ***peuple latin***. Plus tard, au contact des Ombriens, les Latins apprirent l'usage du fer. De petits villages se créèrent dans la plaine ou sur les collines : *Lavinium, Tusculum*, *Tibur*, *Albe*, marchés en temps de paix, lieux de refuge en cas d'invasion; d'autres, dont nous ignorons les noms, couronnaient déjà quelques-unes des hauteurs où s'élèvera *Rome*. Chacune de ces agglomérations était indépendante; mais, comme les cités étrusques, elles étaient unies par un lien religieux : tous les ans, leurs délégués célébraient en commun sur le *Mont Albain* les fêtes de *Jupiter Latin*.

Quand les Étrusques et les Grecs se furent établis dans le voisinage du Latium, leur influence ne tarda pas à s'y faire sentir, soit par le commerce, soit par la guerre. A leur contact, les Latins s'organisèrent et se civilisèrent plus rapidement que les autres Italiotes. *C'est là, dans cette région centrale du Latium, que va naître et grandir la ville de* **Rome**.

GORGONE ÉTRUSQUE. — D'après un vase peint

Les Étrusques adoraient des dieux méchants qu'ils représentaient, sous des traits effrayants.

CHAPITRE III

LES DÉBUTS DE L'HISTOIRE ROMAINE
ROME SOUS LES ROIS

Nous ne savons rien de certain sur les débuts de l'histoire romaine. La tradition ne nous rapporte que des légendes.

On peut croire cependant que Rome fut d'abord gouvernée par des rois et qu'il y eut parmi ces rois des conquérants étrusques. Mais en 509 la Royauté fut abolie : alors commença la République.

Sous les rois, l'organisation sociale est encore toute patriarcale; le pouvoir politique est surtout entre les mains du Sénat; la population est divisée en Patriciens et Plébéiens.

I

LES DÉBUTS DE ROME D'APRÈS LA TRADITION

LES LÉGENDES TRADITIONNELLES

Nous ne savons absolument rien de certain sur les débuts de l'histoire romaine. Les anciens écrivains latins ne peuvent pas nous éclairer : ils avouent eux-mêmes leur ignorance, et souvent en effet ils ont confondu les dates, mal compris les événements qu'ils racontaient ou les institutions qu'ils expliquaient. Ils ont parfois défiguré la vérité par patriotisme, en passant sous silence tout ce qui n'était pas à la gloire des Romains, ou par flatterie, en attribuant un grand rôle aux ancêtres des familles qui de leur temps étaient puissantes à Rome; parfois aussi ils ont voulu imiter les mythes dont les Grecs avaient embelli les débuts de leur histoire.

Ainsi s'est formée ce qu'on appelle la « tradition romaine », suite de récits légendaires, dont voici les principaux.

Photo Alinari.

LA LOUVE ROMAINE.
Musée du Capitole.

On croit que ce bronze, qui date sans doute du VIe siècle avant Jésus-Christ, est celui qui était placé dans le temple du Capitole. La Louve servait d'enseigne au peuple romain primitif. Les deux jumeaux qu'elle allaite, Romulus et Rémus, ont été ajoutés sur son socle dans les Temps Modernes, au seizième siècle.

DIEUX ET HÉROS DANS LE LATIUM

On racontait que les tout premiers habitants du Latium avaient eu jadis pour roi le fils d'Apollon, *Janus*, qui avait fondé une ville sur le Janicule. Quand *Saturne* (le dieu Kronos des Grecs) avait été chassé de l'Olympe[1], Janus lui avait offert l'hospitalité sur le Capitole — de là le surnom de « terre de Saturne » employé pour désigner le Latium — ; et le dieu, reconnaissant, avait enseigné aux habitants l'agriculture. Plus tard un Grec du Péloponèse, *Évandre*, s'était établi sur le Palatin et avait civilisé le pays. On racontait aussi qu'*Hercule* avait tué sur l'Aventin le brigand *Cacus* et fondé un autel sur les bords du Tibre. Ainsi quelques-unes des collines sur lesquelles devait s'élever Rome avaient été, d'après la légende, habitées et civilisées par des dieux ou des héros.

Après eux était venu *Énée*. C'était un guerrier troyen qui, après la chute de Troie, avait eu bien des aventures et avait fini par aborder sur la côte du Latium. Bien accueilli par le roi

1. Voir *l'Orient et la Grèce*, page 206.

du pays, qui lui avait donné sa fille en mariage, il avait fondé la ville de Lavinium. Son fils *Ascagne* avait fondé, plus loin de la mer, la ville d'Albe et ses descendants s'étaient succédé sur le trône d'Albe.

LÉGENDE DE ROMULUS ET DE RÉMUS

L'un d'eux s'appelait *Numitor*; il fut détrôné par son frère *Amulius*, mais la fille de Numitor, *Rhéa Sylvia*, eut du dieu Mars deux fils jumeaux ***Romulus*** et *Rémus*. Pour être sûr de conserver le pouvoir, Amulius fit tuer la mère et ordonna d'exposer les deux enfants sur le Tibre, alors débordé, et de les laisser périr.

« La tradition rapporte, dit Tite Live, que le berceau sur lequel étaient exposés les deux jumeaux, après avoir flotté quelque temps, fut laissé à sec par l'eau qui se retirait, qu'une louve descendue, pour boire, des montagnes voisines fut attirée par les vagissements des enfants, qu'elle leur présenta ses mamelles avec douceur et que même elle les léchait, quand survint le berger des troupeaux du roi, nommé, dit-on, Faustulus. Il les porta vers ses étables et les donna à élever à sa femme Larentia. » (TITE LIVE, *Histoire*, livre I, trad. Gaucher.)

Devenus grands, les enfants jumeaux apprirent le secret de leur naissance; ils massacrèrent Amulius et rétablirent Numitor sur le trône.

LÉGENDE DE LA FONDATION DE ROME

Ils reçurent en récompense tout le pays des Sept Collines au bord du Tibre, et résolurent d'y fonder une ville. Pour savoir qui des deux aurait l'honneur de lui donner son nom, ils consultèrent le vol des oiseaux : Rémus se plaça sur l'Aventin, Romulus sur le Palatin : le premier vit six vautours, le second douze. Romulus pensa que les dieux s'étaient prononcés pour lui. Avec une charrue traînée par une vache blanche et un taureau blanc, il traça autour du sommet du Palatin un sillon qui représentait la future enceinte de la ville.

« Alors, dit Tite Live, la tradition rapporte que Rémus, pour insulter son frère, franchit en sautant les nouvelles murailles : furieux Romulus le tue, ajoutant, d'une voix menaçante : Ainsi périsse quiconque franchira mes murailles ! Il demeura ainsi seul maître du pouvoir et donna son nom à la ville qu'il avait fondée. » (TITE LIVE, livre I, trad. Gaucher.)

D'après la tradition, la fondation de Rome avait eu lieu en l'an ***753*** av. J.-C.

LE RÈGNE DE ROMULUS

Il fallait peupler cette nouvelle ville : Romulus ouvrit sur le Capitole un asile où accoururent une foule d'esclaves fugitifs et d'aventuriers. Mais les peuples voisins refusaient de s'allier par mariage aux Romains. Romulus recourut alors à un stratagème. Il invita à des jeux le peuple des *Sabins* : au milieu du spectacle, à un signal donné, les jeunes Romains se précipitant sur les jeunes filles sabines les enlevèrent et plus tard les épousèrent.

Photo Alinari

LA ROCHE TARPÉIENNE.

Ce rocher passe pour être la roche Tarpéienne, *ainsi nommée de la Romaine* Tarpeia *qui, d'après la tradition, avait livré le Capitole aux Sabins, et avait été tuée ensuite par les Sabins eux-mêmes. On précipitait les grands criminels du haut de la roche Tarpéienne. Non loin de là, au Capitole, on célébrait le triomphe des généraux vainqueurs, d'où l'expression proverbiale : « La Roche Tarpéienne est près du Capitole », pour dire que les plus grands triomphes peuvent être suivis des chutes les plus profondes.*

Il s'ensuivit une guerre entre les deux peuples. Grâce à la trahison de la Romaine *Tarpeia*, les Sabins enlevèrent le Capitole. Mais les Sabines, se jetant entre les adversaires, les forcèrent à se réconcilier : Romulus et le roi Sabin, *Tatius*, décidèrent de régner ensemble sur leurs peuples réunis. Quelques années plus tard, Tatius périt assassiné et Romulus demeura seul roi. Un jour qu'il passait une revue, une tempête éclata, et il disparut mystérieusement. On l'adora sous le nom de *Quirinus*.

LES ROIS ROMAINS ET SABINS

La tradition lui donne pour successeurs trois rois, deux Sabins pacifiques, et un Romain belliqueux, auxquels on attribuait les vieilles institutions et les vieux monuments de Rome.

Le premier, le Sabin **Numa Pompilius**, était un homme

juste et pieux. Souvent, disait-on, il allait consulter dans un bois, près d'une source sacrée, la nymphe *Egérie*. C'était lui qui avait donné aux Romains leurs institutions religieuses.

Après Numa, le Romain ***Tullus Hostilius*** aima la guerre. Elle éclata entre Rome et Albe : les deux villes désignèrent chacune trois champions, trois frères, pour décider en combat singulier laquelle des deux commanderait à l'autre. Ainsi s'affrontèrent les trois *Horaces*, champions de Rome, et les trois *Curiaces*, champions d'Albe.

Dès le début du combat, dit Tite Live, « devant les trois Albains blessés, deux Romains tombent expirants l'un sur l'autre. A cette vue, l'armée albaine a poussé un cri de joie. Les légions romaines n'ont plus d'espoir; mais elles s'intéressent encore à la lutte, car elles tremblent pour ce guerrier seul qu'enveloppent les trois Curiaces. Heureusement, afin de diviser leurs attaques, il prend la fuite, persuadé qu'ils le suivront à d'inégales distances, selon la gravité de leurs blessures. Déjà il était assez loin du théâtre du combat, lorsque, regardant derrière lui, il les voit à des distances bien inégales en effet. L'un d'eux n'était pas loin : il se retourne et fond sur lui avec impétuosité : il le tue... Un cri part de l'armée romaine et encourage le guerrier; il se hâte d'en finir : avant d'être rejoint par le troisième Curiace, qui n'est pas éloigné, il tue le second. Dès lors, il est un contre un; mais... l'un n'avait pas une blessure, l'autre haletant et épuisé, était vaincu d'avance : il ne fit que s'offrir au fer du vainqueur. » (TITE LIVE, livre I, trad. Gaucher.) Horace rentrait en triomphe dans sa maison quand il entendit les lamentations de sa sœur *Camille*, fiancée à l'un des Curiaces. Fou de colère, il la tua, et le peuple l'acquitta.

Rome victorieuse hérita de l'ancienne suprématie d'Albe sur le Latium : désormais le Capitole remplaça le mont Albain comme centre religieux des Latins.

Enfin, avec ***Ancus Martius***, les Romains eurent de nouveau un roi sabin et pacifique. Pour développer le commerce il créa le port d'*Ostie* à l'embouchure du Tibre, fortifia le mont Janicule pour défendre la ville du côté de l'Ouest et construisit sur le fleuve le *pont Sublicius*.

LES ROIS ÉTRUSQUES

Les trois derniers rois de Rome forment une véritable dynastie étrusque. D'après la tradition, le premier de ces rois, ***Tarquin l'Ancien***, fils d'un Grec de Corinthe, émigré à Tarquinii, avait été nommé précepteur du fils d'Ancus; il détrôna son élève et prit sa place. Tarquin importa à Rome la science de la divination, le costume

Photo Brogi.

SORTIE DE LA CLOACA MAXIMA SUR LE TIBRE.

La construction de la Cloaca Maxima est attribuée au roi Tarquin l'Ancien. Longue de 800 mètres, l'égout partait du Forum et aboutissait au Tibre. Restauré à plusieurs reprises, il subsiste encore aujourd'hui : il a donc environ 2500 ans d'existence.

et les insignes des magistrats étrusques, et fut un grand bâtisseur : il éleva sur le Capitole le *temple de Jupiter Capitolin*, fit construire au pied de l'Aventin un *Cirque* et, pour assécher le sol marécageux, un grand égout, la *Cloaca Maxima*.

Le successeur de Tarquin, ***Servius Tullius***, était selon les uns son gendre, selon les autres un simple aventurier. Son règne fut marqué par de grands travaux et de grandes réformes. Il entoura, dit-on, la ville d'une enceinte, la divisa en quatre quartiers, répartit la population en cinq classes, établies d'après la fortune, et réorganisa l'armée. On peut comparer son œuvre à celle que Solon avait accomplie à Athènes. Servius Tullius fut assassiné et remplacé par son gendre, Tarquin.

Tarquin le Superbe — c'est-à-dire l'orgueilleux — réduisit par la force les Latins alliés de Rome à la condition de sujets. A l'intérieur il gouverna à la manière d'un *tyran* grec, favorisa les pauvres et traita durement les nobles. Ceux-ci n'attendaient qu'une occasion pour le renverser. Ils la trouvèrent quand le fils de Tarquin ayant voulu épouser malgré elle sa cousine *Lucrèce,* celle-ci se tua. Le mari de Lucrèce et un de ses amis *Junius Brutus*, soulevèrent l'armée : les Tarquins furent chassés, et la royauté fut abolie (509 av. J.-C.).

II

LA SOCIÉTÉ ET LE GOUVERNEMENT SOUS LES ROIS

HISTOIRE ET LÉGENDE

Il est impossible de démêler ce qu'il y a de vrai ou de faux dans ces légendes. On ne pourra jamais connaître les événements qui se sont réellement succédé dans cette période de l'histoire romaine; tout au plus peut-on essayer de se représenter ce que fut la fondation de Rome, et comment les premiers Romains étaient organisés et gouvernés.

LA FONDATION DE ROME

Nous avons vu[1] que, bien avant la date de 753 fixée par la tradition, des villages occupaient déjà les crêtes de quelques-unes des sept collines. Les hommes de l'âge du bronze y avaient élevé leurs cabanes rondes, dont l'une était encore conservée à l'époque historique sous le nom de « cabane de Romulus ». Les collines les plus anciennement habitées furent peut-être le Palatin et le Quirinal, puis le Cælius et l'Esquilin : le Capitole ainsi que la dépression entre le Palatin et le Quirinal servaient alors de cimetières.

Par la suite, sans doute vers 600 av. J.-C., arrivèrent les conquérants étrusques. Ils forcèrent les villages dispersés à s'unir et à ne plus former qu'une seule cité qui englobait le Quirinal, le Viminal, l'Esquilin, le Cælius, le Palatin et le Capitole. Puis, selon l'habitude des Etrusques, quand ils fondaient une ville, ils tracèrent autour de ces six collines une enceinte sacrée ou *pomerium* que la légende attribue à Romulus. L'Aventin resta en dehors de la cité. Ensuite ils asséchèrent les régions basses et marécageuses; l'ancien cimetière entre le Palatin et le Quirinal devint la place publique, le *Forum*.

Ainsi la « fondation » de Rome semble plus récente que ne le dit la légende; elle a consisté sans doute non pas à créer de toutes pièces une ville, mais seulement *à unir des villages déjà existants*.

1. Voir ci-dessus, page 19.

Photo Richter.

ROME. LES PENTES DU MONT PALATIN.

Des sept collines de Rome, le Palatin qui n'a que 50 mètres d'altitude, mais qui est assez escarpé, paraît avoir été le berceau de la ville primitive. On y a retrouvé des fragments d'une muraille très ancienne qui est peut-être l'enceinte de l'époque royale. Tel qu'il est aujourd'hui, couvert de ruines des palais impériaux, le Palatin a entièrement perdu son aspect primitif.

LA SOCIÉTÉ SOUS LES ROIS LA « GENS »

Rome connut d'abord le même régime patriarcal[1] qu'avaient connu les cantons de l'Attique. Les Romains étaient divisés en grandes familles qui comprenaient non seulement le père, la mère et les enfants, mais encore toutes les personnes qui descendaient d'un même ancêtre : ces familles s'appelaient en latin ***gentes*** — au singulier ***gens*** —. Une *gens* pouvait ainsi compter plusieurs centaines d'individus. Les membres de la *gens* rendaient un culte à l'ancêtre commun et ils portaient tous le même nom, le nom de la *gens* : pour se distinguer les uns des autres, ils le faisaient seulement précéder d'un prénom. Le chef de la *gens* s'appelait le « père » de la *gens* — en latin *pater* — ; il était à la fois prêtre, juge, chef de guerre. Les membres de la *gens* s'appelaient ***patriciens*** parce qu'ils descendaient tous d'un même *pater*.

Chaque *gens* formait comme un petit État distinct. Ses membres étaient étroitement solidaires les uns des autres. Un patri-

1. Voir *l'Orient et la Grèce*, page 243.

cien était-il condamné à l'amende, tous ceux qui étaient de la même *gens* se cotisaient pour la payer. On vit même un jour, raconte Tite Live, les hommes de la *gens* des *Fabii*, au nombre de trois cent six, faire à eux seuls la guerre contre une ville ennemie.

La *gens* avait aussi ses propriétés, car, au début, chaque patricien ne possédait en propre que sa cabane et l'enclos qui l'entourait; les champs appartenaient à toute la *gens*, et le *pater* les faisait cultiver par ses clients.

LES CLIENTS

En effet, chaque *gens* avait ses clients. Les *clients* — mot qui signifiait en latin « ceux qui obéissent » — étaient peut-être les descendants des Ligures, sur lesquels les Italiotes avaient conquis le pays. Ils avaient conservé leurs terres, mais à condition de les cultiver au profit des envahisseurs. Il est probable que les clients avaient été d'abord des serfs attachés à la terre et durement traités, comme les Hilotes de Sparte[1]. Mais par la suite, leur condition était devenue meilleure ; ils faisaient partie de la *gens* et avaient le droit de vote à l'Assemblée.

Patriciens et clients, telles étaient les deux classes d'hommes que comprenait la Rome primitive.

LA PLÈBE

Lorsque les Romains eurent vaincu certaines cités latines, ils forcèrent parfois leurs habitants à s'établir à Rome même.

D'autre part, la bonne position commerciale de la ville attira de bonne heure des marchands, surtout des Grecs de Campanie qui venaient vendre leur blé. Enfin des aventuriers de toutes sortes vinrent également s'y établir. Beaucoup de ces nouveaux venus s'installèrent non dans la ville même, mais sur la colline de l'Aventin. Ainsi se forma une population nouvelle, sans lien avec les patriciens et les clients, et qu'on appela la **plèbe**, c'est-à-dire « la foule ».

Tout d'abord les plébéiens étaient tenus complètement à l'écart des patriciens et en dehors de la cité proprement dite, parce que, arrivés après coup, ils n'appartenaient à aucune *gens*. Ils ne pouvaient pas se marier avec des patriciens et ils n'avaient pas de droits politiques. Mais à partir du règne de

1. Voir *l'Orient et la Grèce*, pages 253-254.

Photo Alinari.

UNE VUE DE LA CAMPAGNE ROMAINE.

La campagne romaine est à peine peuplée. Elle est marécageuse et couverte de pâturages médiocres où on prend les fièvres, la malaria. *La vue est prise ici près des ruines grandioses de* l'Aqueduc de Claude, *qui date du premier siècle après J.-C. : long de 60 kilomètres, il amenait à Rome les eaux des monts Albains que l'on aperçoit au fond.*

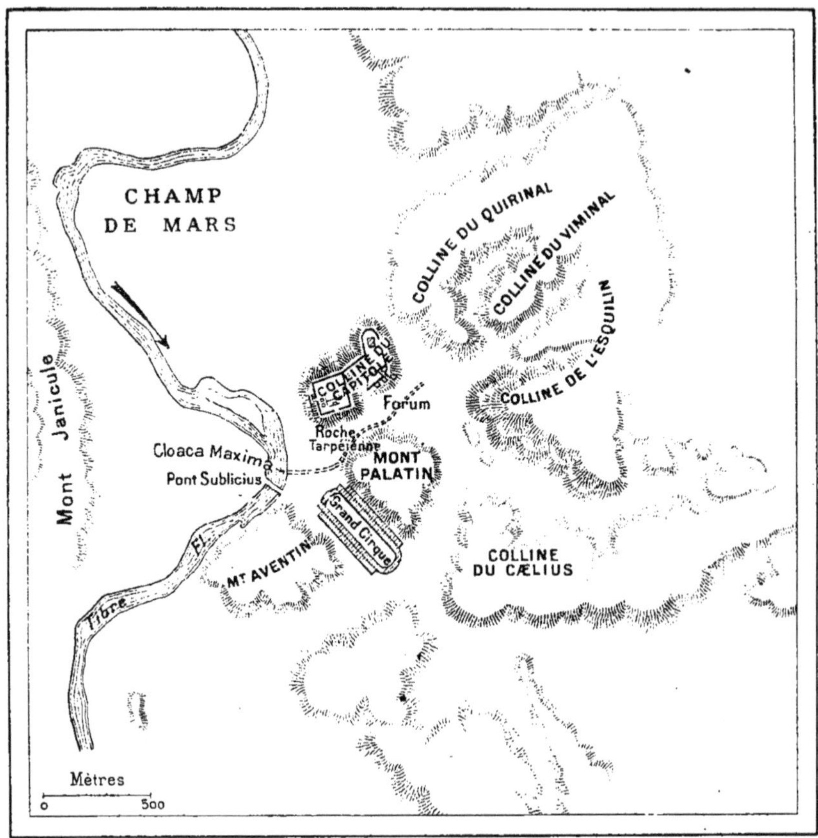

ROME ET LES SEPT COLLINES.

On voit, sur ce plan très simplifié, le cours du Tibre, dominé à l'ouest par le mont Janicule, et à l'est par les « sept collines ». On a figuré le cirque construit par Tarquin l'ancien, entre le mont Palatin et le mont Aventin; et la Cloaca Maxima qui partait de la dépression marécageuse du Forum et se jetait dans le Tibre, non loin du pont Sublicius. Sur le sommet nord du mont Capitolin s'élevait la Citadelle, et sur le sommet sud, le temple de Jupiter Capitolin. La plaine du Champ de Mars ne faisait pas partie de la ville. Quant au mur, que la tradition attribue au roi Servius Tullius, il est impossible de dire exactement par où il passait, et on ne sait même pas s'il a jamais existé.

Servius Tullius, les plébéiens commencèrent à faire partie de la cité. Quand ce roi divisa Rome en quatre quartiers appelés *tribus*, il y compta les plébéiens aussi bien que les patriciens. Ainsi avait fait Clisthène à Athènes. De plus quand il réorganisa l'armée, il y fit entrer les plébéiens. Peut-être même ceux-ci reçurent-ils le droit de voter dans l'assemblée du peuple à côté des clients.

LE GOUVERNEMENT LE ROI

Rome avait à sa tête un ***Roi*** qui était à la fois l'élu du peuple et l'élu des dieux. Quand un roi mourait, le Sénat désignait un *interroi* qui demandait aux dieux quels candidats leur seraient agréables. Puis il présentait à l'assemblée du peuple la liste de ces candidats et parmi eux le peuple choisissait. Le concours des dieux et du peuple était donc indispensable à la désignation du Roi. Dès lors, entre les dieux et le peuple, le Roi servait d'intermédiaire; il était avant tout le grand-prêtre de l'État, comme le « pater » était le prêtre de la *gens*. Il était aussi juge suprême et chef en temps de guerre. Il était entouré de quelques magistrats qu'il choisissait lui-même parmi les patriciens.

LES COMICES ET LE SÉNAT

Cependant le Roi ne gouvernait pas en maître absolu. Il avait à côté de lui l'Assemblée du peuple et le Sénat.

Lorsqu'il se réunissait en assemblée politique — on disait en ***Comices*** —, le peuple, c'est-à-dire l'ensemble des patriciens, des clients et peut-être des plébéiens, se répartissait en trente groupes appelés *curies* : aussi les comices s'appelaient-ils *comices curiates*. Ils élisaient le roi, votaient la paix et la guerre; mais, en général, le roi ne les convoquait que pour leur faire connaître les décisions qu'il avait prises d'accord avec le Sénat.

Le ***Sénat***[1] était composé des plus âgés d'entre les « pères » des *gentes* : on appelait les sénateurs *Pères conscrits*, c'est-à-dire qui ont été inscrits sur la liste des membres du Sénat. Choisis par le roi, ils formaient un corps de trois cents membres très influents qui donnaient leur avis au roi sur toutes les questions importantes; d'autre part, aucune décision des Comices n'avait force de loi avant d'avoir été ratifiée par eux. Le Sénat était ainsi le corps le plus important de l'État et, dès cette époque reculée, le gouvernement de Rome était un gouvernement *aristocratique*.

LA RÉVOLUTION DE 509

Aussi quand Tarquin le Superbe, voulant gouverner en tyran, s'appuya sur les plébéiens et sévit contre les patriciens, le Sénat se souleva et le chassa. La Révolution de 509 fut donc en réalité la *victoire de l'aristocratie sénatoriale et des patriciens*. Voilà pourquoi les plébéiens seront si malheureux au début de la République.

1. Le mot « Sénat » vient du mot latin qui signifie « âgé ».

CHAPITRE IV

LA RELIGION ROMAINE PRIMITIVE

La religion tenait à Rome une place extrêmement importante; elle était la base sur laquelle reposaient la famille et l'Etat.

Mais cette religion, très sèche et froide, n'était qu'un ensemble de cérémonies compliquées et de formules verbeuses sans aucun élan du cœur.

Plus tard, la religion romaine se transforma beaucoup, surtout au contact de la religion grecque et des religions orientales.

CARACTÈRE DE LA RELIGION ROMAINE

L'historien grec Hérodote disait des Égyptiens qu'ils étaient les plus religieux de tous les hommes; un historien romain, Salluste, a employé la même expression en parlant de ses compatriotes: et l'orateur Cicéron disait : « Pour ce qui est de la religion, c'est-à-dire du culte qu'on rend aux dieux, nous sommes supérieurs, et de beaucoup, aux peuples étrangers. »

Mais la religion romaine n'était pas du tout semblable à ce que nous appelons aujourd'hui une religion. Elle ne donnait aucune règle de conduite et ne s'occupait pas de rendre les hommes meilleurs. Elle faisait seulement connaître les *moyens pratiques pour se rendre les dieux favorables*; elle indiquait des cérémonies à accomplir. La religion n'était qu'un culte.

LES DIEUX

Ces dieux qu'il fallait se concilier n'avaient rien de commun avec ceux que les Grecs se représentaient comme de brillants immortels, ayant chacun son histoire et ses aventures. C'étaient des *êtres vagues, sur lesquels on ne savait rien*. Ils n'avaient souvent pas de nom propre, et s'ils en avaient un, on ajoutait pour plus de sécurité en invoquant le dieu par ce nom : « Préfères-tu que je t'appelle d'un autre nom? ». On ne leur élevait *ni statues ni temples*; on pensait qu'ils résidaient dans certains objets : dans la porte, dans le seuil, dans la flamme du foyer; on les représentait par une pierre, une lance, un légume.

Ils étaient *extrêmement nombreux*; chacun, en effet, ne s'occupait que d'une chose et n'agissait que dans un domaine très restreint. Il y avait un dieu de la porte, mais il y en avait un aussi dans les gonds et un autre dans le seuil. Chaque homme avait son dieu familier, mais il y avait en plus un dieu spécial qui faisait pousser à l'enfant son premier cri, un autre qui lui apprenait à boire, un autre à manger, un autre à sortir de la maison, un autre à y rentrer, etc. Il y avait un dieu particulier qui protégeait le paysan quand il défrichait son champ, un autre quand il le fumait, un autre quand il l'ensemençait, un autre quand il le hersait, un autre quand il le sarclait. On comprend qu'on ait pu ainsi compter 30 000 dieux et qu'un Romain ait dit en plaisantant : « Il y a tant de divinités dans notre pays qu'il est beaucoup plus facile d'en rencontrer une que de rencontrer un homme. »

LES MINUTIES DU CULTE

De ces dieux, dont on savait si peu de chose, on savait pourtant qu'ils étaient puissants; le Romain craignait toujours de les offenser. son grand désir était de les apaiser et de se les concilier. De là les cérémonies du culte. Chez tous les peuples de l'Antiquité elles étaient minutieusement réglées, mais à Rome plus que partout ailleurs.

Il fallait d'abord savoir à quel dieu s'adresser, puis employer *certaines formules* toujours les mêmes sans y changer un seul mot et en faisant *certains gestes* : sinon on ne serait pas exaucé, c'est-à-dire écouté favorablement par les dieux. Il y avait des phrases qu'il fallait réciter en pirouettant sur soi-même, d'autres qu'il fallait répéter vingt-sept fois en crachant à chaque fois d'une certaine façon. On ne pouvait immoler à la déesse Cérès qu'un porc et à Liber qu'un bouc; Vulcain n'admettait que des animaux au pelage roux et Jupiter des bœufs qui étaient blancs : s'ils ne l'étaient pas, on les blanchissait à la craie. L'âge même des victimes était fixé : huit jours pour un agneau et cinq jours pour un cochon de lait. Si l'on offrait des libations de vin, il fallait savoir si personne ne s'était jadis pendu dans le vignoble où on l'avait récolté, et si les ouvriers du pressoir n'avaient pas les pieds malades. L'eau employée dans les sacrifices devait être prise à une source, non pas à une fontaine; pour la purifier, on y ajoutait du sel et on y éteignait des torches enflammées : on avait ainsi *l'eau lustrale* ou de purification.

LE SACRIFICE

La cérémonie la plus importante du culte était le *sacrifice* : tantôt on offrait au dieu du vin, des fleurs, des fruits et des gâteaux, tantôt on immolait en son honneur un ou plusieurs animaux, par exemple un porc, un bélier, un taureau, ou les trois ensemble dans les cas les plus solennels.

On commençait par prier le dieu et par lui demander ce qu'on espérait de lui, en échange du sacrifice qu'on allait lui offrir. Car le sacrifice était un marché : donnant, donnant; le dieu était tenu d'exaucer la prière s'il avait accepté le sacrifice.

Voici une prière que l'on adressait au dieu Mars au moment de la fête de la purification des champs. On promenait autour du champ un *suovetaurile*[1], puis on disait : « Puissant Mars, je te prie et te supplie d'être propice et favorable à moi, à ma maison, à mes gens : c'est pourquoi j'ai ordonné de promener autour de mon champ, de ma terre, de mon fonds, un suovetaurile, afin que tu écartes, éloignes et détournes les maladies visibles et invisibles : la stérilité, la dévastation, la grêle, les intempéries : afin que tu permettes aux fruits, aux grains, aux vignes, aux arbres de grandir et de prospérer; afin que tu conserves les pâtres et le bétail; afin que tu accordes bonne santé à moi, à ma maison, à mes gens. » (CATON, *L'agriculture*, d'après GUIRAUD : *Lectures historiques*.)

Après la prière, le prêtre brûlait de l'encens sur l'autel et purifiait les assistants en les aspergeant d'eau lustrale. On amenait la victime, le front garni de bandelettes; on lui mettait sur la tête un peu de farine salée et on l'assommait ou on la saignait. Puis on examinait les entrailles pour savoir si le dieu agréait le sacrifice. S'il l'agréait, on lui consacrait le cœur, le foie, les poumons, les intestins de l'animal; le reste était abandonné aux prêtres ou distribué aux assistants

AUSPICES ET PRÉSAGES

Les Romains, qui ne craignaient rien tant que de déplaire aux dieux, ne manquaient jamais, au moment de faire quelque chose d'important, de leur demander s'ils ne s'y opposaient pas. La réponse des dieux s'appelait *auspices*. « Prendre les auspices, » c'était poser la

1. Voir la gravure, page 35.

Photo Hachette.

Un sacrifice : le suovetaurile.

Musée du Louvre.

Dans le sacrifice appelé le suovetaurile *on immolait un porc* sus, *une brebis* ovis, *un taureau* taurus. *A droite, l'autel; devant, se tient le prêtre, un pan de la toge ramené sur la tête. Il répand de l'encens pris dans une boîte tenue par un aide ou* camille; *un autre aide porte le vase à eau lustrale. Les assistants sont couronnés. En arrière, le sacrificateur avec sa hache.*

question et écouter la réponse. On prenait les auspices avant d'entreprendre un voyage, avant de réunir le Sénat ou les comices, avant de livrer bataille, etc.

Très différents des auspices étaient les *présages*. On appelait ainsi des signes que les dieux envoyaient d'eux-mêmes aux hommes pour leur faire connaître leur volonté. Les présages les plus angoissants étaient les « prodiges », c'est-à-dire des événements extraordinaires qui annonçaient un événement de grande importance.

Les Romains étaient très crédules à ce sujet. L'historien Tive Live raconte très souvent des séries de prodiges : pendant que le général carthaginois Hannibal marchait sur Rome, dit-il, « en Sicile les javelots de quelques soldats s'étaient enflammés dans leurs mains; deux boucliers avaient sué du sang...; le disque du soleil avait semblé s'amoindrir. A Préneste des pierres brûlantes étaient tombées du ciel : à Arpi des boucliers avaient paru dans l'air et le soleil s'était battu contre la lune. A Capène on avait aperçu deux lunes en plein jour. A Céré les eaux avaient roulé du sang; à Antium des épis ensanglantés étaient tombés dans les corbeilles des moissonneurs. Vers la même époque, la statue de Mars sur la voie Appienne s'était couverte de sueur. A Capoue le ciel s'était embrasé et l'on avait cru voir la lune tomber avec la pluie. On crut même à des prodiges de moindre importance : des coqs s'étaient changés en poules et des poules en coqs. » (Tive Live, liv. XXII, trad. Gaucher.)

RELIGION DOMESTIQUE ET RELIGION DE L'ÉTAT

Comme en Grèce il faut distinguer à Rome une *religion domestique* et une *religion de l'État*. Dans l'une, chaque famille honorait à sa manière ses propres dieux sur l'autel de la maison, et le père de famille était le prêtre. Dans l'autre, l'État rendait un culte officiel, par le moyen de magistrats et de prêtres, à certains dieux qui protégeaient l'État tout entier, et les citoyens ne prenaient aucune part à ce culte.

LE CULTE DES MORTS

Le *culte des morts* était à la base de la religion domestique. Les ancêtres de la famille étaient adorés sous le nom de *Dieux Mânes*, c'est-à-dire dieux bons : chaque jour le père leur offrait des libations, et au mois de février on faisait de grandes fêtes en leur honneur. S'ils étaient dédaignés, ils revenaient en effet sur terre sous la forme de fantômes appelés *Larves* ou *Lemures* et tourmentaient les vivants. Chaque année, du 9 au 13 mai, le père de famille les écartait de sa maison.

Le poète latin Ovide nous le montre se levant au milieu de la nuit, se purifiant les mains trois fois : « Il se tourne, et prend dans sa bouche des fèves noires ; il les jette ensuite derrière lui en disant : « Je jette ces fèves et par elles je me rachète moi et les miens ». Il prononce neuf fois ces paroles sans regarder en arrière. On pense que les ombres ramassent les fèves et suivent ses pas sans être aperçues. Il plonge encore ses mains dans l'eau, il frappe un morceau d'airain et conjure les ombres de quitter sa demeure. Après avoir dit neuf fois « Mânes de mes ancêtres, sortez », il regarde derrière lui et croit avoir régulièrement accompli la cérémonie. » (Ovide, *Fastes*, liv. V, d'après la trad. Panckoucke.)

LES DIEUX DE LA MAISON ET DES CHAMPS

D'autres dieux familiers étaient ceux de la maison. Parmi eux on adorait surtout celui de la porte, *Janus*, le premier que l'on rencontrait en entrant ; puis la flamme du foyer, *Vesta*, à laquelle la mère de famille rendait un culte quotidien ; enfin, les *Pénates*, dieux de l'office et du garde-manger.

Comme la tombe, comme la maison, le champ était sacré. Son protecteur particulier était le *Lare* : chaque champ avait le sien et tous les jours on lui apportait une offrande. En outre il y avait un grand nombre de divinités champêtres que les paysans adoraient à certains jours : *Mars* le dieu de l'agriculture en général, *Saturne* le dieu des semailles, *Pomone* la

Photo Alinari.

AUTEL DOMESTIQUE A POMPÉI.

L'autel domestique était placé dans la pièce principale de la maison, l'atrium. *Il a ici la forme d'un petit temple grec. Sur le mur sont peintes des divinités : à droite et à gauche deux dieux* lares; *au-dessous un serpent qui est le génie du lieu. Sur l'autel même on plaçait diverses statuettes de bronze représentant les dieux protecteurs de la famille.*

déesse des fruits, *Cérès* et *Ops* celles des moissons, *Palès* qui protège les moutons, *Liber* le dieu de la vigne, les *Faunes* et les *Silvains*, divinités des bois, etc.

A toutes les grandes dates de la vie agricole, on célébrait des fêtes en l'honneur de ces dieux : par exemple, au moment de la récolte du blé, on jetait dans la flamme des poissons vivants pour satisfaire le dieu de l'incendie, *Vulcain*, et le détourner de brûler les récoltes dans les granges ; à la fin de décembre, quand les jours recommencent à augmenter et le soleil à devenir plus chaud, c'était la fête des *Saturnales* : on montrait une joie débordante, on resserrait les liens de famille, on échangeait des visites et des cadeaux. les esclaves étaient admis à la table des maîtres et servis même par eux; c'est l'origine de notre fête du Jour de l'An.

LES DIEUX DE L'ÉTAT

Au-dessus des divinités familiales, il y avait les *grands dieux* que l'État adorait de son côté sans la participation des citoyens; c'étaient ceux qui protégeaient l'Etat Romain tout entier : les plus célèbres étaient *Janus*, *Vesta*, *Jupiter* et *Mars*.

De même que chaque famille avait le Janus de sa porte et la Vesta de son foyer, de même l'État avait son Janus et sa Vesta; *Janus* était le dieu de la porte principale de Rome, celle qui conduisait au Forum. Quand plus tard on lui éleva des statues, on le représenta avec un double visage : l'un regardait vers le dehors. l'autre vers l'intérieur de la ville. Son temple, quand il en eut un, était fermé pendant la paix, mais ouvert pendant la guerre pour laisser sortir et rentrer l'armée romaine. *Vesta* était la flamme du foyer national allumé dans un temple rond sur le Forum. Cette flamme ne devait jamais s'éteindre.

Photo Hachette.

Un dieu romain : Janus.
Bibliothèque Nationale. Cabinet des Médailles.

Janus bifrons — *à double visage — était un des dieux les plus vénérés des Romains. Le premier mois de l'année lui était consacré, d'où son nom de* Januarius — *Janvier —. Les Romains attribuaient au roi Numa la construction d'un temple de Janus dont les portes étaient ouvertes ou fermées suivant que Rome était en guerre ou en paix. — La gravure reproduit une des plus anciennes monnaies romaines en bronze (grandeur de l'original, poids d'environ 300 grammes).*

Jupiter était, comme le Zeus des Grecs, dieu du ciel, de l'air et de l'orage. Depuis Romulus, il était le grand protecteur de Rome : on l'appelait « Jupiter très bon très grand », et Tarquin l'Ancien lui éleva un temple sur le Capitole.

Enfin l'État adorait *Mars*, qui était non seulement le dieu de la végétation, mais le dieu de la guerre, et qui était aussi l'ancêtre du peuple romain puisqu'il était le père de Romulus.

LES PRÊTRES DE L'ÉTAT

De même que le père de famille était le prêtre de la religion domestique, le Roi était le grand-prêtre de la religion nationale. Lui seul avait qualité pour entrer en rapport au nom de l'État avec les grands dieux, mais comme il ne pouvait tout faire ou tout savoir par lui-même, il déléguait son autorité à certaines personnes qui s'occupaient particulièrement d'une divinité, et il avait auprès de lui des conseillers religieux qui lui indiquaient tous les rites à accomplir dans les différentes cérémonies du culte. A côté du Roi, il y avait donc des *prêtres* a Rome. Ces prêtres ne formaient pas une classe à part dans la société; on pouvait être prêtre en même temps que sénateur ou magistrat, et, d'ordinaire on ne restait pas prêtre toute sa vie.

Photo Anderson

GRANDE VESTALE.
Rome. Musée des Thermes.

Les prêtresses de Vesta étaient vêtues de blanc et coiffées d'une sorte de turban placé sur les cheveux et par-dessus lequel passait le voile ou suffibulum. *La Grande Vestale, sous l'autorité de laquelle elles étaient placées, jouissait à Rome d'un prestige et d'une influence considérables.*

Lorsque les Rois disparurent, après la révolution de 509, les magistrats qui les remplacèrent, les deux consuls, représentèrent désormais l'État auprès des dieux; ils furent assistés des mêmes prêtres que les Rois.

PRÊTRES DES GRANDS DIEUX

Parmi les prêtres romains, attachés au culte de telle ou telle divinité, on peut citer les *Vestales*, les *Flamines* et les *Saliens*.

Le culte de Vesta était confié à un collège de six jeunes filles, les *Vestales*, choisies parmi les plus grandes familles. Elles entraient au service de la déesse âgées de six à dix ans et y restaient durant trente ans sans avoir le droit de se marier, sinon elles étaient enterrées vives. Elle étaient d'ailleurs très honorées à Rome. De même Jupiter, Mars et Quirinus (un dieu très semblable à Mars) avaient chacun un prêtre appelé *flamine*, spécialement attaché à leur culte. Mars était aussi adoré comme dieu de la guerre par un collège de prêtres, les *Saliens* — c'est-à-dire les Sauteurs — : au mois de mars, lorsqu'on peut à nouveau marcher contre l'ennemi, les Saliens exécutaient une sorte de danse de guerre, en répétant un très vieux chant dont on finit par ne plus comprendre les paroles.

Les Saliens et leurs boucliers sacrés.

D'après une pierre gravée.

Prêtres de Mars, les Saliens gardaient un bouclier sacré qu'on disait être tombé du ciel au temps du roi Numa. Pour dérouter les voleurs, on avait fait fabriquer onze boucliers identiques au bouclier miraculeux. Au mois de mars, les Saliens promenaient les douze boucliers à travers les rues de Rome en chantant et en dansant.

LES CONSEILLERS RELIGIEUX DU ROI

Comme le culte était très compliqué et les cérémonies très minutieuses, le Roi avait auprès de lui trois principaux conseils de prêtres qui devaient lui donner tous les renseignements nécessaires : les *Pontifes*, les *Augures*, les *Féciaux*.

Les *Pontifes* — il y en eut d'abord trois, puis neuf, puis

Photo Alinari.

Un autel. — Bas-relief représentant un augure.

Florence. Musée des Offices.

L'autel était un bloc de pierre ou de marbre, sur lequel on allumait le feu sacré pour le sacrifice, on faisait brûler l'encens et on répandait des libations. Celui-ci est orné d'un bas-relief qui représente une séance de divination : le personnage du milieu est un augure ; il tient à la main le bâton en forme de crosse ou lituus ; *on voit à ses pieds un poulet sacré.*

quinze — connaissaient tous les secrets de la religion ; ils indiquaient aux particuliers aussi bien qu'au Roi les cérémonies à accomplir et les formules à réciter dans tel ou tel cas ; ils fixaient dans le calendrier les dates des fêtes, des jours *fastes* où l'on pouvait vaquer aux affaires publiques, et des jours *néfastes* où l'on n'en avait pas le droit. A leur tête, il y avait un *Grand Pontife* élu à vie. Après la disparition des Rois, le Grand Pontife prit pour lui quelques-unes de leurs fonctions religieuses : il nomma les flamines et choisit les Vestales.

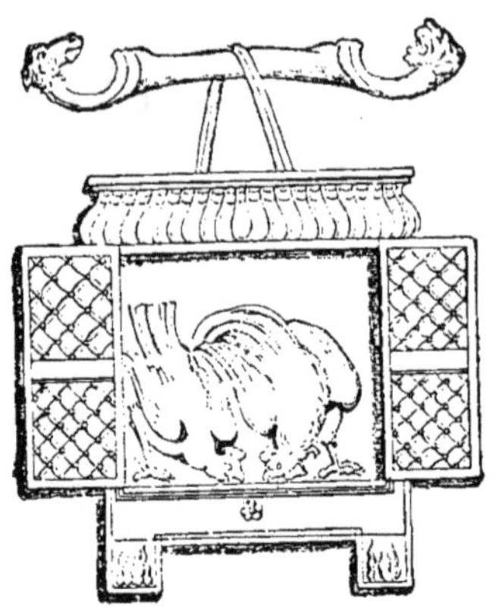

LA CAGE DES POULETS SACRÉS.
D'après un bas-relief.

Si les poulets picoraient de bon appétit, en laissant tomber les grains de leur bec, les auspices étaient déclarés favorables; ils étaient défavorables si les poulets refusaient les grains.

Les *Augures* accompagnaient le Roi quand il prenait les auspices et lui disaient la réponse des dieux : avec un bâton recourbé, ils délimitaient dans le ciel un espace quadrangulaire appelé *temple*, dans lequel ils observaient le vol ou le cri de certains oiseaux ; ou bien ils donnaient à manger à des poulets et selon l'appétit que montraient ces animaux, selon qu'ils laissaient tomber ou non du grain de leur bec, la réponse des dieux était affirmative ou négative. On adopta aussi à Rome la coutume étrusque de chercher la volonté des dieux en examinant les entrailles des victimes.

Les *Féciaux* connaissaient les formalités à accomplir lorsqu'on déclarait la guerre ou qu'on signait la paix.

Tite Live nous a conservé, à propos d'une guerre entre Rome et les Latins, la série de ces formalités. Le chef des Féciaux, appelé le *Pater Patratus*, « allait aux frontières ennemies avec une javeline ferrée ou un peu durcie au feu et ensanglantée, et en présence de trois jeunes gens au moins, il disait : « Attendu que les peuples des anciens Latins et que les citoyens des anciens Latins ont blessé et outragé le peuple romain, fils de Quirinus : attendu que le peuple romain, fils de Quirinus, a décidé que la guerre serait faite contre les anciens Latins et que le sénat du peuple romain, fils de Quirinus, a par son vote approuvé et ratifié cette guerre décidée contre les anciens Latins ; en conséquence, moi et le peuple romain, déclarons la guerre au peuple des anciens Latins et aux citoyens des anciens Latins, et je la commence. » A ces mots, il lançait sa javeline sur leur territoire ». Si l'ennemi était trop éloigné de Rome pour que le Fécial pût se rendre à ses frontières, il lançait la javeline à Rome même dans un endroit réservé à cet usage.

Pour conclure la paix, le Fécial, après avoir lu le texte du traité, disait : « Écoute, Jupiter, on vient de lire à haute voix et de bonne foi, depuis la première jusqu'à la dernière, les conditions inscrites sur les tablettes : chacun ici les a parfaitement comprises ; le peuple romain ne s'en écartera pas le premier. Si, le premier, il venait à les enfreindre par mauvaise foi et d'après une détermination publique, ce jour-là frappe-le, Jupiter, comme aujourd'hui je vais frapper ce porc et d'une façon d'autant plus terrible que ton bras est plus fort et plus puissant. » Il dit, et abat le porc avec un caillou. » (TITE LIVE, liv. I, trad. Gaucher.)

LES TRANSFORMATIONS DE LA RELIGION ROMAINE

La religion romaine s'est sans cesse enrichie en *adoptant des dieux étrangers*. A mesure que Rome entrait en rapports avec des peuples nouveaux, elle apprenait à connaître d'autres dieux et les accueillait le plus souvent avec beaucoup de tolérance ; elle ne les mettait pas au même niveau que les grands dieux romains, mais elle permettait aux citoyens de leur rendre un culte.

Au moment de faire la guerre à un peuple, ou après l'avoir vaincu, les Romains essayaient souvent d'attirer à eux ses dieux en leur promettant de leur rendre un culte à Rome.

Voici, d'après un grammairien latin, Macrobe, l'invocation qui fut adressée aux dieux de Carthage : « S'il est un dieu, s'il est une déesse qui ait sous sa tutelle le peuple et la cité de Carthage, et toi, ô grand dieu qui as pris sous ta tutelle cette ville et ce peuple, je vous prie et je vous conjure, et je vous demande en grâce d'abandonner le peuple et la cité de Carthage, de déserter la ville, les temples et lieux sacrés et de vous éloigner d'eux ; d'inspirer à ce peuple et à cette cité la crainte, l'effroi et l'oubli, et, en les quittant, de venir à Rome chez moi et les miens... Si vous nous faites savoir et connaître que vous le voulez ainsi, je fais vœu de fonder des temples et des jeux en votre honneur. » (MACROBE, *Saturnales*, liv. III, trad. Panckoucke.)

Successivement des divinités italiotes, grecques, orientales, vinrent faire ainsi concurrence aux vieux dieux latins et changer souvent leur caractère primitif.

LES DIEUX ITALIOTES ET ÉTRUSQUES

Deux déesses italiotes et étrusques arrivèrent à Rome dès l'époque royale : *Diane* qu'on adorait dans les bois près du lac Némi, et *Minerve*, patronne des ouvriers, qui devint sous les Tarquins l'une des trois grandes divinités adorées sur le Capitole, avec Jupiter et Junon déesse du mariage. C'est à ce moment aussi que les Romains, à l'imitation des Etrusques, construisirent les premiers temples, représentèrent leurs dieux sous la forme humaine, et donnèrent des jeux au moment des fêtes religieuses.

LES DIEUX GRECS

En même temps, les dieux grecs apparaissaient à Rome. La tradition raconte que Tarquin le Superbe acheta trois livres d'oracles à une prophétesse, ou *Sibylle*, qui vivait près de Cumes. Dans les cas très graves, lorsque la religion nationale se montrait insuffisante à conjurer un grand danger, des prêtres spéciaux ouvraient ces *Livres Sibyllins* pour y chercher ce qu'il fallait faire. On y

Photo Alinari.

TEMPLE ROMAIN.

Quand les Romains commencèrent à avoir des temples, ils les firent sur le modèle des temples grecs, de forme rectangulaire. Cependant il y aviat aussi à Rome des temples ronds, tels que le temple de Vesta sur le Forum et celui-ci qui se trouve près du Tibre, sur l'ancien marché aux bestiaux. On ne sait à quelle divinité il était consacré. Les colonnes sont en marbre blanc et de style corinthien, toute la partie supérieure a disparu et a été remplacée par un affreux toit moderne en tuiles.

trouvait d'ordinaire le conseil d'introduire à Rome quelqu'une des divinités helléniques : immédiatement après la chute des rois, le Sénat admit ainsi *Apollon* considéré comme dieu médecin, *Déméter* la déesse des moissons, et Hermès qui, sous le nom de *Mercure*, protégea les marchands. Ces dieux eurent leurs temples sinon dans la ville même, à l'intérieur du pomerium, du moins sur l'Aventin, où vivaient les marchands grecs venus de Campanie.

Nous verrons cette influence de la religion grecque grandir dans les années suivantes et atteindre son apogée vers la fin du second siècle avant J.-C. [1].

LES DIEUX ORIENTAUX

Mais déjà à cette date les *cultes de l'Orient* commençaient à lui faire concurrence. En 204, quand Rome semblait ne pouvoir triompher du général carthaginois Hannibal, elle alla chercher en Asie Mineure la déesse *Cybèle* et lui rendit officiellement un culte. A la suite de Cybèle, les dieux de Syrie, d'Égypte, de Perse, trouveront à Rome des adorateurs chaque jour plus nombreux. Ainsi les religions orientales, tout en laissant subsister l'ancien culte national, lui enlèveront presque tous ses fidèles, jusqu'à ce que l'une d'entre elles, le *christianisme*, l'abolisse enfin et s'impose aux derniers jours de l'Empire romain comme la religion unique.

1. Voir ci-dessous, chap. XII.

SACRIFICE DEVANT UN TEMPLE.

CHAPITRE V

PATRICIENS ET PLÉBÉIENS
LA LUTTE POUR L'ÉGALITÉ

C'étaient les patriciens qui avaient chassé les Tarquins (509). Ils organisèrent à leur profit le gouvernement républicain, composé de deux consuls élus et du Sénat.

Pour conquérir l'égalité, les plébéiens luttèrent avec acharnement. Ils obtinrent d'abord d'être protégés par des défenseurs, les tribuns (493). Puis, vers 450, la loi des Douze Tables leur accorda l'égalité civile. Enfin, au cours du quatrième siècle, ils obtinrent successivement l'accès à toutes les magistratures.

Vers l'an 300, la lutte pour l'égalité est terminée. A cette époque, le peuple romain est encore un peuple de paysans aux mœurs simples et rudes, mais laborieux, tenaces et disciplinés.

I

LA LUTTE POUR L'ÉGALITÉ

LA RÉPUBLIQUE

On appelle ***République*** le régime politique qui succéda à la royauté quand Tarquin le Superbe eut été chassé en 509. Cette forme de gouvernement dura environ cinq cents ans à Rome, jusqu'à la fin du premier siècle av. J.-C., époque à laquelle elle fut remplacée par un nouveau régime, l'*Empire*.

LES CONSULS ET LE DICTATEUR

Au début, le gouvernement de Rome fut très peu modifié. Les patriciens se bornèrent à remplacer le roi par ***deux consuls*** : à la différence du roi, *les consuls étaient élus, ils ne restaient en charge qu'un an*, et chacun ne pouvait rien faire sans l'assentiment de son collègue. Ils avaient les mêmes insignes que le roi : la toge bordée de pourpre, la chaise curule, les licteurs avec les faisceaux. Ils avaient aussi les mêmes pouvoirs : toutefois un citoyen condamné par eux à mort avait le droit d'en appeler à l'assemblée du peuple, sauf s'il était à l'armée; c'est pourquoi, dans la ville, les faisceaux des licteurs n'avaient pas de hache.

LICTEURS.

D'après un bas-relief.

Ils sont vêtus d'une sorte de caleçon collant descendant au-dessous du genou, d'une tunique serrée à la taille et d'une grande pèlerine, vêtement des soldats en campagne, le sagum. *Ils portent à l'épaule gauche un paquet de verges liées ensemble : c'est le* faisceau. *La hache dont le fer apparaît au milieu indique que les licteurs sont hors de Rome.*

En cas de péril grave, les consuls désignaient un ***dictateur***. Le dictateur s'adjoignait un lieutenant appelé *maître de la cavalerie*. Investi d'un pouvoir absolu, il prenait toutes les décisions qu'il voulait sans consulter le Sénat ni le peuple; il avait une garde de vingt-quatre licteurs — deux fois plus que le consul —. Mais *la dictature ne devait jamais durer plus de six mois* : au bout de ce temps, le dictateur était tenu de se démettre de sa charge.

LA LUTTE DES ORDRES

La révolution de 509 avait été faite par les patriciens. Aussi avaient-ils organisé à leur profit le nouveau régime : seuls il pouvaient être sénateurs, consuls ou dictateurs. Mais il se passa à Rome ce qui s'était passé à Athènes[1] et dans beaucoup d'autres cités : la classe inférieure,

1. Voir l'*Orient et la Grèce*, classe de Sixième, chapitre XV.

composée des plébéiens, ne se résigna pas longtemps à la domination des patriciens. Une lutte acharnée s'engagea entre les deux classes — on disait à Rome les deux *ordres* —; elle se poursuivit, non sans de longues trêves, pendant deux cents ans, de 500 à 300, et se termina par la victoire des plébéiens qui obtinrent l'*égalité complète* avec les patriciens.

Il ne faut pas oublier que, dans cette même période, Rome soutint de nombreuses guerres contre les peuples voisins et commença la conquête de l'Italie[1]. Or les plébéiens servaient à l'armée; les patriciens avaient besoin de leur aide pour faire la guerre. Ce fut la raison principale pour laquelle ils se virent contraints de céder aux réclamations des plébéiens.

LA QUESTION DES DETTES

Il y avait parmi les plébéiens quelques riches, mais la plupart étaient des petits cultivateurs. Par suite des guerres continuelles, ceux-ci se trouvaient dans une situation très précaire. Quand ils revenaient de la guerre, ils retrouvaient leur champ en friche, parfois dévasté. Pour le remettre en état, ils devaient emprunter. Or, si le débiteur ne remboursait pas à la date fixée, il pouvait être mis en prison ou même réduit en esclavage par le créancier. Aussi la *question des dettes* provoquait-elle à Rome une vive agitation, comme jadis à Athènes au temps de Solon[2].

C'est ainsi qu'un jour, dit Tite Live, « on vit s'élancer sur le Forum un vieillard portant les marques de toutes ses souffrances : ses vêtements étaient d'une saleté repoussante; mais plus repoussantes encore étaient la pâleur et la maigreur de son corps exténué; la longueur de sa barbe et de ses cheveux donnait à son visage une expression farouche. Cependant, on le reconnaissait : il avait été centurion (officier) et on parlait des récompenses qu'il avait obtenues pendant la guerre. Lui-même montrait sur sa poitrine des cicatrices, témoignage de sa valeur... On l'interroge : pourquoi ces haillons ? pourquoi cette hideuse misère ? « Il servait, dit-il, dans la guerre contre les Sabins, quand leurs ravages lui ont enlevé la récolte de son champ; bien plus, sa ferme a été incendiée, ses meubles pillés, ses troupeaux emmenés. Ainsi ruiné, il a fallu payer l'impôt; il a emprunté. Cette dette, grossie par les intérêts, l'avait dépouillé du champ qu'il tenait de son père et de son aïeul, puis du reste de ses biens; enfin cette gangrène avait gagné jusqu'à son corps; son créancier avait été pour lui, non pas un maître, mais un geôlier et un bourreau. » Il montrait alors son dos sillonné et meurtri tout récemment par le fouet. » (TITE LIVE, livre II, trad. Gaucher.)

1. Voir ci-dessous, chapitre VII.
2. Voir *l'Orient et la Grèce*, classe de Sixième, pages 255-256.

LA RETRAITE SUR LE MONT SACRÉ

Exaspérés par la misère, les plébéiens décidèrent de faire *sécession*, c'est-à-dire de se séparer des patriciens. Pendant qu'ils étaient à l'armée, ils désertèrent en masse et se retirèrent non loin de Rome sur une colline appelée le *Mont Sacré*. Ils déclarèrent qu'ils allaient y fonder une cité rivale de Rome. Les patriciens effrayés préférèrent céder.

D'après la tradition que rapporte Tite Live, « ils députèrent à la plèbe *Ménénius Agrippa* qui raconta l'apologue que voici : « Au temps où ne régnait pas encore l'harmonie dans le corps humain, et où chaque membre avait sa libre action, toutes les parties du corps s'indignèrent que tous leurs soins, leurs efforts n'aboutissent qu'à satisfaire l'estomac : tandis que lui ne faisait que jouir des plaisirs qui lui étaient procurés. Un complot fut fait : les membres s'engagèrent à ne plus porter à la bouche les aliments, la bouche à ne plus les recevoir, les dents à ne plus les broyer. Grâce à cette colère,... le corps entier en vint à un dépérissement complet. Les membres virent alors que l'estomac remplissait des fonctions utiles et qu'il nourrissait autant qu'il était nourri. » Alors, montrant quel rapport il y avait entre cette dissension intestine du corps et la colère de la plèbe contre les patriciens, il apaisa les esprits. » (Tite Live, livre II, trad. Gaucher.)

Quoi qu'il en soit, la crise se termina par un accord (493). Il fut entendu que les dettes des plébéiens les plus pauvres seraient abolies et que les esclaves pour dettes seraient mis en liberté. La plèbe obtint en outre d'avoir des protecteurs appelés *tribuns*.

LES TRIBUNS DE LA PLÈBE

Il y eut à Rome désormais deux ***tribuns de la plèbe***. Ceux-ci n'étaient pas des magistrats comme les consuls : au moment de les élire, on ne consultait pas les dieux; ils n'avaient pas d'insignes. Mais les tribuns étaient *sacro-saints* : c'est-à-dire qu'attenter à leur personne était un sacrilège puni de mort.

Au début, les tribuns n'eurent d'autre mission que de protéger la plèbe : si un plébéien était poursuivi par un patricien, ils pouvaient le délivrer; si un plébéien se réfugiait auprès d'eux, on n'avait plus le droit de porter la main sur lui; aussi leur maison était-elle ouverte jour et nuit pour qu'on pût toujours y trouver asile. Plus tard, les tribuns obtinrent de nouveaux droits, notamment le *droit de veto* — d'un mot latin qui signifie « je m'oppose » —, c'est-à-dire qu'ils purent s'opposer à toute mesure qui leur semblait défavorable à la plèbe.

Le pouvoir des tribuns devint donc considérable. Toutefois il ne s'exerçait pas en dehors de la ville. Et, d'autre part, comme il y avait plusieurs tribuns — leur nombre fut porté à quatre, puis à dix — il suffisait que l'un d'eux s'opposât aux actes de ses collègues pour les annihiler. C'est ce qui arriva plus d'une fois.

LES COMICES CENTURIATES ET TRIBUTES

Vers la même époque, la plèbe fit de nouveaux progrès dont l'histoire est mal connue. Ces progrès se manifestent par l'importance croissante que prirent deux assemblées nouvelles, appelées l'une *comices centuriates* et l'autre *comices tributes*.

Le roi Servius Tullius, pour augmenter l'effectif de l'armée, y avait fait entrer tous ceux qui possédaient une certaine fortune, plébéiens ou patriciens. A cet effet, il les avait répartis en *cinq classes* elles-mêmes subdivisées en 193 *centuries* ou groupes de cent hommes environ. Dans les premières années de la République, l'armée obtint le droit de *voter les lois* et d'*élire les consuls*. Elle forma donc une assemblée comme les *comices curiates*. On y votait par centurie, chaque centurie comptant pour une voix : d'où le nom de ***comices centuriates*** donné à la nouvelle assemblée. Mais tandis que dans les comices curiates les patriciens groupés par *gentes* jouaient le principal rôle, dans les comices centuriates les plébéiens étaient mêlés aux patriciens, sans autre distinction que celle de la fortune.

Servius Tullius avait également divisé le territoire de Rome en *tribus*, c'est-à-dire en quartiers : on comptait 4 tribus dans la ville et 12 dans la banlieue. Quand la plèbe eut ses chefs, les tribuns, ceux-ci prirent l'habitude de réunir souvent les plébéiens, groupés par tribus. Les décisions prises dans ces réunions s'appelaient *plébiscites* ou décisions de la plèbe et n'étaient applicables qu'aux plébéiens. En 471, les tribuns de la plèbe obtinrent d'être élus par plébiscite. Plus tard, il fut décidé que les plébiscites seraient applicables à tous les citoyens : alors les patriciens eux aussi vinrent siéger à l'assemblée des tribus qui devint, sous le nom de ***comices tributes***, une troisième assemblée du peuple. On y votait par tribu, chaque tribu comptant pour une voix.

RÉDACTION DES LOIS

Ainsi la plèbe commençait à jouer un rôle important dans la cité. Cependant elle était encore dans la dépendance des patriciens parce que ceux-ci pouvaient seuls être magistrats et parce qu'ils rendaient la justice d'après des lois qu'ils étaient seuls à connaître, et qui n'étaient pas écrites.

Les plébéiens protestèrent bientôt contre cet état de choses : un de leurs tribuns demanda qu'un code de lois fût rédigé et rendu public. Après dix ans de résistance et de troubles, le Sénat finit par céder à la pression populaire (451). Une commission de trois membres alla étudier les lois des villes grecques de l'Italie méridionale. A son retour, dix patriciens furent désignés pour rédiger les lois. Pendant tout le temps qu'ils travaillèrent à cette œuvre, les *Dix* ou ***Décemvirs*** furent les maîtres absolus à Rome : il n'y eut plus ni consuls ni tribuns. Au bout d'un an, le code n'était pas terminé ; on réélut l'un des législateurs, *Appius Claudius*, et on lui donna neuf collègues nouveaux. Mais, d'après la tradition, ces décemvirs furent d'odieux tyrans : à la suite d'une révolte, les uns se tuèrent, les autres furent exilés (449). Puis le régime normal fut rétabli.

LA LOI DES DOUZE TABLES

Les Romains conservèrent cependant les lois rédigées par les Décemvirs. Elles furent gravées sur douze tables de bronze : aussi appelle-t-on ce code la ***Loi des Douze Tables***. Il se modifia bien au cours des temps, mais il ne fut jamais aboli à Rome.

La Loi des Douze Tables contenait des dispositions très diverses. Elle affirmait qu'à Rome la souveraineté réside dans le peuple : « *Ce que le peuple aura ordonné en dernier ressort sera la loi.* » Voilà pourquoi tout citoyen condamné à mort par un magistrat avait le droit d'en appeler au peuple. D'autre part la loi ne distinguait pas entre plébéiens et patriciens : elle était la même pour tous; ainsi se trouvait établie ce qu'on appelle l'*égalité civile*, c'est-à-dire l'égalité des citoyens devant la loi.

Voici quelques prescriptions de la loi des Douze Tables. Si le débiteur ne peut rembourser son dû, « que le créancier le condamne à mort, ou, s'il préfère, qu'il le vende en pays étranger, au delà du Tibre [en Étrurie]. Et s'il y a plusieurs créanciers, qu'au bout de soixante jours ils coupent en morceaux le corps du débiteur. » La Loi des Douze Tables est aussi un Code pénal : « Celui qui aura mis le feu par méchanceté et volontairement à une maison ou à un tas de blé à côté d'une maison sera lié, battu de verges et brûlé...

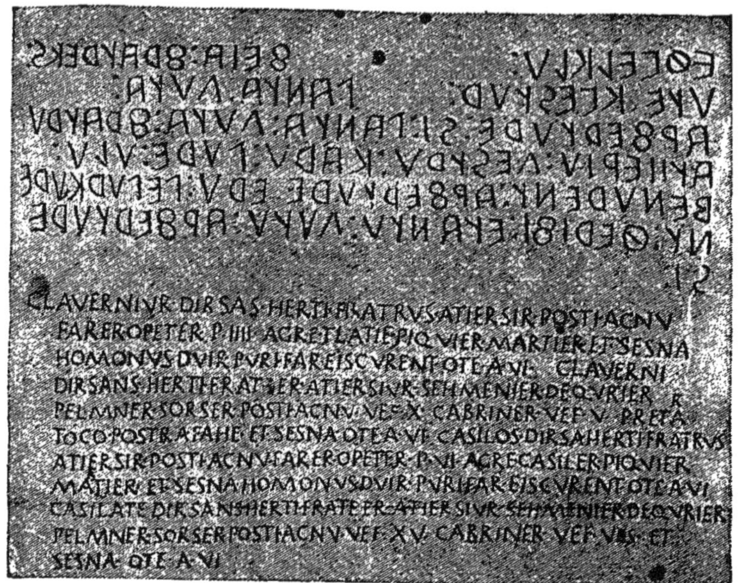

FRAGMENT DES TABLES DES LOIS D'IGUVIUM.

Chez les peuples anciens — Grecs et Romains —, les lois étaient gravées sur des plaques de marbre ou des tables de bronze : d'après ce fragment des tables des lois d'Iguvium — ville de l'Ombrie —, on peut se faire une idée de ce qu'étaient les tables des Décemvirs. Ici les lignes supérieures sont en caractères étrusques, les lignes inférieures en caractères latins.

Celui qui aura pratiqué des enchantements sur la moisson d'autrui sera dévoué à Cérès [c'est-à-dire condamné à mort]... Celui qui aura brisé un membre à quelqu'un subira la peine du talion à moins qu'il ne donne des dommages et intérêts. Celui qui aura contusionné quelqu'un à la figure en le frappant de la main ou avec un bâton devra lui donner une indemnité de trois cents as (75 francs-or) si c'est un homme libre ou de cent cinquante as si c'est un esclave. » La loi contient aussi des prescriptions sur les enterrements, et le luxe des funérailles. « Il est interdit d'ensevelir un mort ou de brûler ses cendres à l'intérieur de la ville de Rome. Défense de mettre de l'or auprès [du mort]. Mais si ses dents ont des ligatures en or et si on l'ensevelit ou le brûle avec cet or, qu'il n'y ait nulle pénalité. »

Quoiqu'elle établit l'égalité civile, la Loi des Douze Tables interdisait encore le *mariage entre patriciens et plébéiens*, car le mariage patricien était une cérémonie religieuse à laquelle un plébéien n'avait pas le droit de participer. Mais quelques années plus tard, grâce aux efforts du tribun *Canuleius*, les mariages mixtes furent permis et devinrent très fréquents entre patriciens et plébéiens riches.

CONQUÊTE DE L'ÉGALITÉ POLITIQUE

Il ne restait plus à la plèbe qu'à conquérir l'*égalité politique*, c'est-à-dire l'accès à toutes les magistratures et dignités de l'État. Les plébéiens pauvres s'en souciaient fort peu ; mais les riches, qui maintenant étaient alliés par mariage à des patriciens, souffraient dans leur amour-propre de ne pouvoir être leurs collègues au consulat et au Sénat. Canuleius demanda donc que les plébéiens pussent devenir consuls (445).

Le Sénat s'y refusa absolument. Cette prétention lui paraissait exorbitante et scandaleuse : elle heurtait non seulement ses préjugés de caste, mais sa religion. Pouvait-on accorder le droit de consulter les dieux et de leur offrir des sacrifices au nom de la cité à des hommes dont les ancêtres avaient été à Rome des intrus, inconnus des dieux, étrangers à leur culte ?

Aussi l'égalité politique fut-elle longue à conquérir. Il y fallut plus d'un siècle.

INSIGNES DES MAGISTRATURES PLÉBÉIENNES ET PATRICIENNES.
D'après des monnaies romaines de la Bibliothèque Nationale.

A droite, monnaie patricienne : on aperçoit, sous un temple circulaire qui est le temple de Vesta, la chaise curule *aux pieds entre-croisés, qui était l'attribut des magistratures patriciennes ; sur les côtés, l'urne des votes et un bulletin de vote. — A gauche, monnaie plébéienne : les magistrats plébéiens sont assis sur une banquette à pieds droits qu'on appelait* subsellium *et qui marquait leur infériorité.*

LA LUTTE POUR LE CONSULAT

Pour calmer les ambitions des plébéiens, les patriciens diminuèrent l'importance du consulat. Une partie des attributions des consuls fut donnée à des magistrats nouveaux. Ainsi la garde du Trésor fut confiée aux *questeurs*, le recensement des citoyens aux *censeurs*.

Cependant en 376 deux tribuns, *Licinius Stolon* et *Lucius*

Sextius, reprirent la lutte pour le consulat. Ils demandèrent qu'un des deux consuls au moins fût plébéien. Le Sénat dut céder enfin après une longue résistance (366). Mais, auparavant, il affaiblit encore le consulat en créant de nouveaux magistrats : le *préteur*, qui fut chargé de rendre la justice; les *édiles curules*, chargés avec les édiles plébéiens[1] de la police et de l'approvisionnement de Rome. La préture et l'édilité curule ainsi que la censure furent réservées aux seuls patriciens.

L'ÉGALITÉ COMPLÈTE

Du jour où les plébéiens purent devenir consuls, ils ne devaient pas tarder à obtenir l'égalité complète. Successivement, la censure (351), la préture (337) leur furent ouvertes. La dernière résistance à laquelle ils se heurtèrent fut celle des prêtres : mais puisqu'on leur permettait d'offrir des sacrifices aux dieux à titre de consuls, comment leur interdire d'être pontifes ou augures ? Ils l'obtinrent en l'an 300. *Désormais l'égalité fut complète entre patriciens et plébéiens*, à cette exception près que les tribuns furent toujours choisis dans la plèbe et les édiles curules dans le patriciat.

Les plébéiens riches furent naturellement les seuls à bénéficier de ces avantages. Pour les obtenir, ils avaient su se concilier la masse des plébéiens pauvres, soit en réclamant une diminution des dettes, soit en demandant des distributions de terres. La situation du menu peuple restait si précaire à Rome qu'à plusieurs reprises il y eut des soulèvements. Les historiens latins citent dans cette période deux « sécessions » semblables à celle qui avait eu lieu en 494. Les chefs de la plèbe utilisèrent ces mouvements populaires pour intimider les patriciens, triompher de leur résistance et obtenir l'accès aux magistratures.

II

ROME A LA FIN DU QUATRIÈME SIÈCLE

LE GOUVERNEMENT

Vers l'an 300, au moment où se termine la lutte des ordres, le gouvernement de la République romaine est entre les mains des Comices, des magistrats, du Sénat.

Le peuple, réuni en *Comices Centuriates* ou en *Comices Tri-*

1. Les édiles plébéiens avaient été créés en même temps que les tribuns.

Photo Arogi.

TYPE DE ROMAINE.

Musée du Vatican.

Les traits sont réguliers et assez forts, moins affinés peut-être que dans le type grec. La coiffure est celle de la paysanne ci-dessous.

Photo Hachette.

TYPE ROMAIN.

Musée du Louvre.

Traits accentués, nez busqué et menton proéminent. Ce type se retrouve aujourd'hui chez les paysans de la campagne romaine.

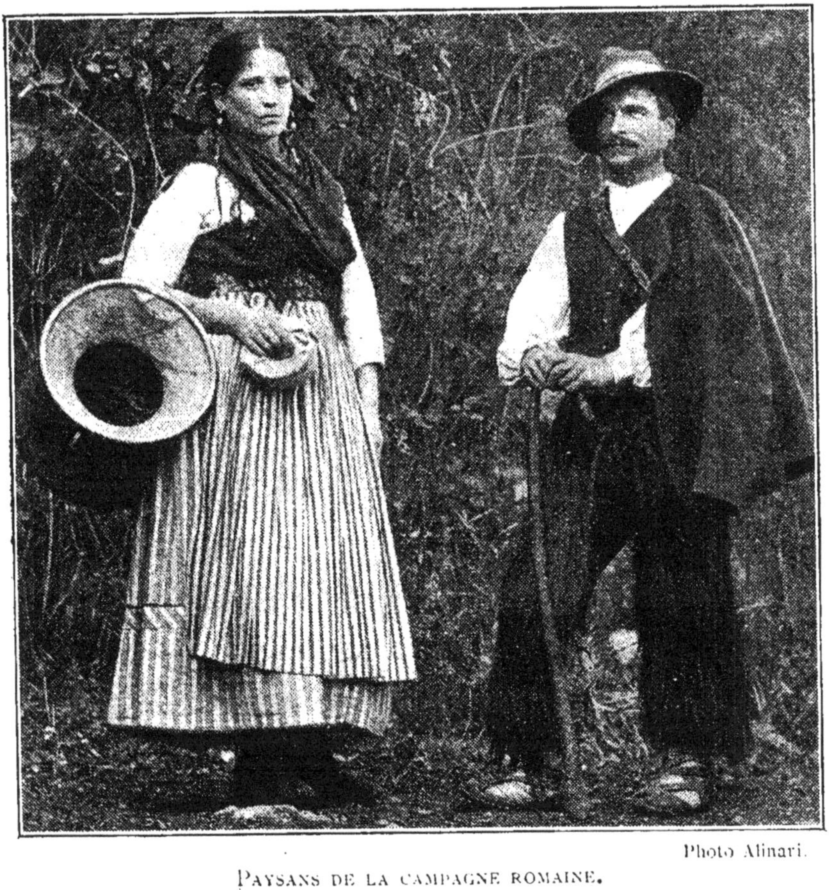

Photo Alinari.

PAYSANS DE LA CAMPAGNE ROMAINE.

butes, vote les lois et élit les magistrats et les tribuns. Les Comices Curiates subsistent aussi, mais elles ont perdu toute importance.

Les magistrats sont les deux *consuls*, les deux *censeurs*, le *préteur*, les *questeurs* et les *édiles*. Il faut mettre à part les *tribuns de la plèbe* qui jouent un rôle important, mais qui ne sont pas des magistrats.

Le *Sénat*, choisi par les censeurs parmi les anciens magistrats, dirige en réalité l'Etat. Il est le conseiller des magistrats qui le consultent pour toutes les décisions importantes. Il est comme le tuteur du peuple dont il ratifie les lois.

LE EUPLE ROMAIN

Si le gouvernement s'est profondément transformé depuis l'époque des rois, la vie et les mœurs ne se sont guère modifiées. Le peuple romain reste et restera longtemps encore ce qu'il était au début de son histoire, un *peuple de paysans*.

Le paysan romain est de taille moyenne, souvent même petit, mais robuste et trapu, dur à la fatigue. Uniquement occupé de mettre en valeur son champ, il travaille avec opiniâtreté, sans se décourager ni mesurer sa peine. Dur pour lui-même comme pour les autres, il est *âpre au gain*, économe, souvent avare; il dépense le moins qu'il peut et ne dédaigne aucun profit, si mince soit-il. Il est chicanier; si on lui conteste son bien, il ne recule pas devant les longs procès : aussi les Romains deviendront-ils d'excellents *juristes*, ils créeront la *science du droit*.

Ce paysan romain est routinier. Il travaille sa terre comme la travaillaient ses ancêtres. Il n'a pas l'esprit curieux et se méfie des nouveautés. Doué de sens pratique, mais dépourvu d'imagination, il s'en tient à l'indispensable, et dédaigne comme superflues toutes les créations de l'esprit, les lettres, les arts, la philosophie. Le peuple romain ne sera jamais, au même degré que les Grecs, un peuple de penseurs et d'artistes.

Mais il a de solides qualités. *Le Romain est un citoyen discipliné* : il a le respect de tous ceux qui détiennent l'autorité, du père de famille, des magistrats, du Sénat. Discipliné, laborieux et tenace, il fait un *excellent soldat*, capable non seulement d'actions héroïques, mais des travaux les plus rebutants : le soldat romain l'emportera sur tous les autres et conquerra un immense empire par son aptitude au travail, sa discipline et sa patience. Enfin, grâce à ses qualités d'ordre, de réflexion, de

Photo Hachette.

ANCIENNE MONNAIE ROMAINE.

Bibliothèque Nationale. Cabinet des médailles.

Au cinquième siècle av. J.-C. à l'époque où s'engage la lutte entre les plébéiens et les patriciens, les Romains étaient encore un peuple de cultivateurs et d'éleveurs de bétail. Pour leurs paiements, ils se servaient de bestiaux — pecus *d'où est venu le nom de* pecunia — *monnaie —. Puis ils remplacèrent les bestiaux par des lingots de bronze, sur lesquels figurait un bœuf ou un mouton : celui-ci pèse plus d'un kilogramme et demi.*

méthode, le Romain est aussi un *excellent administrateur* : de même qu'il sait administrer son domaine, sa famille et sa cité, il saura organiser et administrer le plus vaste empire de l'Antiquité.

SIMPLICITÉ DES MŒURS

Chez ces rudes paysans, la vie, toute de travail, est fort simple. Levé avec le soleil, le Romain passe tout le matin à travailler son champ. Il rentre chez lui pour un court repas, puis, après une petite sieste, il retourne peiner jusqu'au soir, soupe et se couche. Seuls les jours de *marché* et d'*assemblée* mettent quelque variété dans cette existence monotone.

Chacun fabrique chez soi ce dont il a besoin. Il n'y a pas d'autre industrie que l'*industrie familiale*. Il n'y a presque pas de commerce. Longtemps on ne connut pas la monnaie à Rome, on payait avec des têtes de bétail et le mot latin *pecunia* qui désigne l'argent vient du mot *pecus* qui signifie bétail. C'est seulement vers 450, au temps des décemvirs, qu'apparut la monnaie de bronze, et il faudra attendre encore deux siècles pour trouver à Rome de la monnaie d'argent.

La même simplicité se manifeste dans les mœurs. La *maison* se réduit presque à une pièce unique, l'*atrium*, à la fois salle de réception, chambre à coucher, salle à manger et cuisine. Le *repas* se compose d'un peu de bouillie de farine, de quelques légumes frais ou conservés dans la saumure, de galettes, de fruits et de fromage. Le vin, la viande ne figurent qu'exceptionnellement, au jour des sacrifices. Quant au *costume*, une simple tunique; dans les grandes occasions, il se drape dans un morceau d'étoffe, la *toge*.

LES VERTUS TRADITIONNELLES

Plus tard, quand les conditions de la vie eurent changé à Rome, on se plut à louer les vertus que la tradition attribuait aux anciens Romains, le *respect de l'autorité paternelle*, le *dévouement à la patrie et à la loi*, le *désintéressement dans la pauvreté*.

Des anecdotes célèbres montraient des hommes déjà âgés, magistrats, consuls, obéissant docilement aux ordres de leur père comme s'ils étaient encore des enfants, tant était grand à Rome le respect de l'autorité paternelle. D'autres anecdotes montraient que le respect de la loi l'emportait alors sur tout autre sentiment, même sur l'amour du père pour ses enfants : on citait *Brutus* ordonnant lui-même le supplice de ses fils coupables d'avoir voulu rétablir la royauté, et *Manlius Torquatus* condamnant son fils à mort pour avoir enfreint la discipline militaire. Enfin on donnait en exemple ces généraux vainqueurs qui refusaient toute récompense et, après la victoire, retournaient à leur charrue : tel *Cincinnatus*, qui travaillait son champ quand on vint lui dire qu'il était nommé dictateur et qui y revint simplement seize jours après, ayant sauvé la République; tel *Curius Dentatus* qui mangeait des légumes dans une écuelle de bois, quand les envoyés des Samnites vinrent à lui chargés de présents; il leur répondit « qu'il préférait commander à ceux qui ont de l'or que d'en avoir lui-même ».

Il y a certainement beaucoup de traits légendaires dans ce tableau des anciennes mœurs romaines, mais le fond en est vrai. On peut accepter le jugement que porta un historien ancien sur ces premiers temps de la République romaine : « Peu ou point d'argenterie, peu d'esclaves, sept arpents de terre aride, des maisons indigentes incapables de payer les funérailles de leurs maîtres, des filles sans dot, mais d'illustres consulats, des dictatures éclatantes, d'innombrables triomphes ».

CHAPITRE VI

L'ARMÉE ROMAINE

Rome fut la plus grande puissance militaire du monde antique. Elle dut ses conquêtes moins au génie de ses généraux qu'à l'organisation de son armée et à la valeur de ses soldats.

L'armée romaine se composait des légions, recrutées parmi les citoyens, des contingents alliés et des corps auxiliaires. Les soldats romains, bons travailleurs, excellaient dans l'art des retranchements.

La discipline la plus sévère régnait à l'armée. Le général en chef — dictateur, consul ou préteur — avait droit de vie et de mort sur ses hommes. Les plus grandes victoires étaient récompensées par les honneurs du triomphe.

SUPÉRIORITÉ MILITAIRE DE ROME

Rome a grandi par la conquête. Elle a commencé par conquérir l'Italie, puis elle a étendu sa domination sur tout le pourtour de la Méditerranée. Elle a vaincu successivement les peuples les plus réputés par leur bravoure ou par leur science de la guerre. Elle a donc été *la plus grande puissance militaire du monde antique.*

Cependant il est généralement reconnu que les Romains n'ont pas eu de très grands hommes de guerre, à l'exception de *César*. Leurs victoires s'expliquent surtout par la valeur de leur organisation militaire, sans cesse remaniée et perfectionnée, et par les solides qualités de leurs troupes. *Rome dut ses succès à ses soldats plutôt qu'à ses généraux.*

LE SERVICE MILITAIRE

L'armée romaine n'était pas permanente. En temps de paix il n'y avait pas de soldats. Mais quand la guerre était déclarée, tous les citoyens de 17 à 60 ans pouvaient être mobilisés, à moins qu'ils n'eussent déjà à leur actif seize campagnes dans l'infanterie ou dix dans la cavalerie. De 17 à 45 ans on faisait partie de l'armée active; au delà, de la réserve.

Seuls les citoyens qui ne possédaient rien, ceux qu'on appelait *prolétaires*, échappaient au service militaire. Dans les temps anciens, il leur eût été impossible de servir, parce que les soldats ne recevaient aucune solde, se nourrissaient et s'équipaient à leurs frais. Plus tard, en raison de la durée croissante des opérations militaires, la *solde* fut instituée, de façon qu'on pût retenir plus longtemps les soldats sous les drapeaux (406). Cependant les prolétaires restèrent exclus de l'armée : il était admis en effet qu'on ne pouvait être bon soldat si l'on n'avait pas soi-même un champ ou une maison à défendre contre l'ennemi, c'est-à-dire si l'on n'avait pas un intérêt personnel à combattre et à être vainqueur. *L'exemption du service militaire était non une faveur, mais la marque d'une infériorité.*

L'armée romaine était donc une milice de soldats-citoyens riches ou aisés. Il en fut ainsi jusqu'à la réforme de *Marius*, qui, vers l'année 100 avant J.-C., enrôla les prolétaires[1].

L'ENRÔLEMENT

Dès que la guerre était décidée et que les Féciaux étaient partis la déclarer à l'ennemi, le Sénat ordonnait de *lever l'armée* et fixait le chiffre de l'effectif nécessaire. Les consuls convoquaient au Capitole les citoyens groupés par tribus et en choisissaient un nombre suffisant pour que l'effectif prévu par le Sénat fût atteint. Tout citoyen qui n'avait pas répondu à l'appel était passible de peines diverses : amende, confiscation des biens, verges, prison, réduction en esclavage.

Puis venait la cérémonie du *serment*. Les officiers supérieurs prêtaient serment devant le général en chef ; après eux un soldat lisait la formule du serment : il s'engageait à obéir au général, à le suivre partout, à rester sous les drapeaux aussi longtemps qu'il n'aurait pas été licencié, à ne rien dérober dans le camp. Après quoi, chaque soldat à son tour s'avançait et disait : « De même pour moi. » Désormais un lien indissoluble unissait les troupes à leur général.

Dans les cas de danger pressant, on procédait plus hâtivement à une levée en masse, le *tumulte* : les citoyens étaient inscrits à mesure qu'ils se présentaient et prêtaient ensuite serment tous ensemble.

1. Voir ci-dessous chapitre XVI.

LA LÉGION SON ORGANISATION

Le contingent formait à l'origine un seul corps appelé ***légion***. Puis il y eut plusieurs légions, le plus souvent quatre : chaque consul en commandait deux. Une légion comptait en général 4200 fantassins et 300 cavaliers.

L'organisation de la légion a beaucoup varié. Jusque vers la fin du quatrième siècle, la légion était une troupe semblable à la phalange spartiate ou macédonienne. Les légionnaires étaient plus ou moins bien armés, selon leur fortune ; on mettait aux premiers rangs ceux qui possédaient l'armure la plus complète ; les plus riches formaient la cavalerie ; les moins riches, l'infanterie légère des *vélites*.

Dans le cours du quatrième siècle, on eut l'idée de distinguer les légionnaires d'après leur âge et leur ancienneté de services. La légion comprit trois lignes de soldats appelés *hastati*, *principes*, *triarii*. Les plus jeunes formaient la première ligne des *hastati* ; les hommes d'âge mûr, la seconde ligne des *principes* ; les vétérans les plus estimés, la troisième ligne des *triarii*. Chaque ligne fut divisée en dix troupes appelées *manipules* et chaque manipule en deux *centuries*. Une légion comprenait donc au total *trente manipules* et *soixante centuries*, non compris les cavaliers et les vélites.

La cavalerie légionnaire ne dépassait pas l'effectif de trois cents hommes, divisés en dix pelotons ou *turmes*.

LE COMMANDEMENT

Le commandant en chef de l'armée était soit l'un des consuls, soit le préteur ou le dictateur. Il portait comme insigne un grand manteau rouge, le *paludamentum*. Il avait sous ses ordres des officiers généraux appelés *légats*, des officiers supérieurs appelés *tribuns militaires* — au nombre de six par légion —, un *questeur* qui était le trésorier de l'armée. Ces officiers étaient les uns désignés par le général en chef ou le Sénat, les autres élus par le peuple.

Les officiers subalternes — dont le grade correspondait à celui de nos capitaines et de nos lieutenants — étaient les *centurions* ou commandants des centuries. Le centurion avait pour insigne un cep de vigne, qui lui servait à infliger la bastonnade. C'était un ancien soldat, sorti du rang, rompu à tous les détails du métier, et qui ne pouvait s'élever plus haut dans la hiérarchie.

Photo Hachette.

Soldats et général romains du temps de la République.

Musée du Louvre.

Très peu nombreuses sont les sculptures qui représentent des soldats romains au temps de la République. Ce bas-relief date de la fin du premier siècle av. J.-C. A gauche, deux soldats : ils portent sur la tunique une cuirasse d'écailles de métal ; ils ont l'épée courte au côté droit, un grand bouclier ovale au bras gauche ; le casque est couronné d'un panache. A droite, un général ; il porte une cuirasse prolongée par un jupon de cuir.

LES CONTINGENTS ALLIÉS ET AUXILIAIRES

La légion n'était formée que de citoyens romains : mais de bonne heure les Romains demandèrent des contingents aux Italiens vaincus par eux et qui étaient leurs *alliés* — en fait leurs vassaux —. Ces soldats alliés formaient à côté de la légion des corps distincts. L'effectif de l'infanterie alliée était égal à celui de l'infanterie romaine, mais la cavalerie alliée était trois fois plus nombreuse que la cavalerie romaine. L'armement était semblable à celui des légionnaires.

Les Romains recrutèrent aussi des mercenaires étrangers qu'on appelait *auxiliaires*, par exemple des archers crétois, des

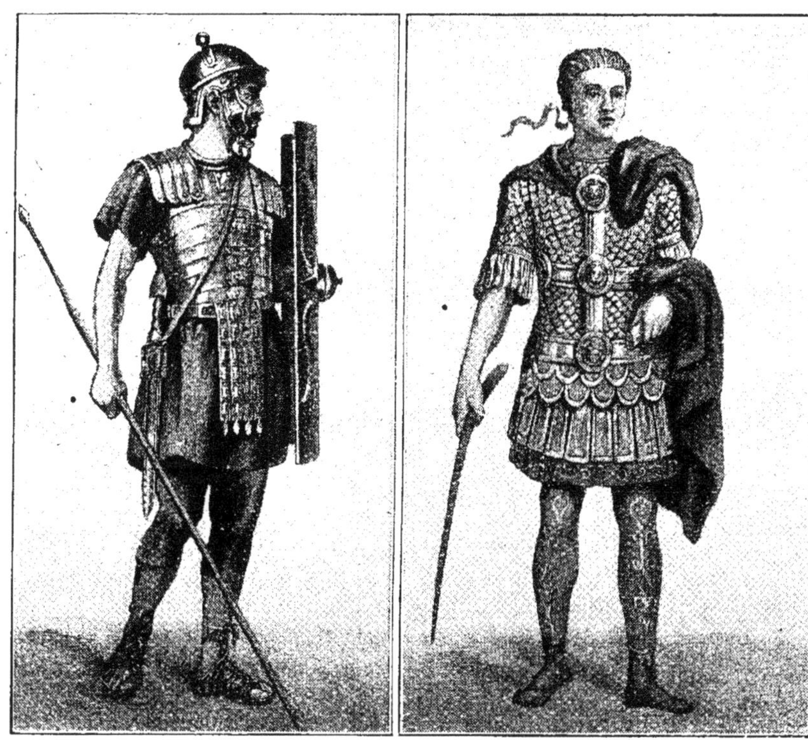

SOLDAT ET OFFICIER ROMAINS SOUS L'EMPIRE.

D'après une restitution du Musée de Saint-Germain et un bas-relief.

A gauche, le légionnaire; il porte la lorica, *cuirasse faite de cercles d'acier, que prolonge un tablier de cuir garni de métal, attaché au ceinturon,* cingulum. *Il est coiffé d'un casque de métal,* cassis, *que termine un anneau : comme armes, il a l'épée courte,* gladius, *le javelot,* pilum, *et le bouclier quadrangulaire,* scutum. *A droite, le* centurion; *il porte une tunique garnie de plaques de métal et couverte de décorations; il tient à la main le cep de vigne, insigne de son grade.*

frondeurs des îles Baléares, plus tard des cavaliers numides. Chacune de ces troupes gardait son armement et sa façon de combattre.

Dans les corps alliés et auxiliaires, le haut commandement appartenait à des officiers romains.

ARMEMENT

Les Romains ont souvent modifié leur armement. Au début, les légionnaires avaient tous la lance et l'épée longue; l'armement défensif variait selon la fortune. Plus tard, au contraire, ils eurent tous les mêmes armes défensives, le casque de bronze, le bouclier long et la cuirasse ; celle-ci était d'abord une casaque de cuir écaillée de plaques de fer, puis elle se composa de lames d'acier articulées dont les unes cerclaient la poitrine et les autres recouvraient les épaules comme de larges bretelles. Pour armes offensives, les légionnaires avaient tous l'épée courte, solide, à deux tranchants ; les vétérans de la troisième ligne avaient gardé la lance ; mais les soldats des deux premières lignes étaient armés du *pilum*, javelot de bois, long de deux mètres, terminé par une pointe de fer, et qui, bien lancé, portait à une trentaine de mètres.

L'ARMÉE EN MARCHE

L'armée en marche ne s'embarrassait que de quelques voitures portant les gros bagages — tentes, moulins à bras —. Comme de nos jours, les soldats se chargeaient eux-mêmes de tout ce dont ils avaient besoin : des vivres pour plusieurs jours, des piquets de tente, des outils — pioche, bêche, hache, scie, pelle —. Le tout, suspendu à une perche, qu'on portait sur l'épaule droite, pesait environ vingt kilogrammes.

Quand elle traversait un pays ami ou allié, l'armée marchait en colonne : d'abord la cavalerie formant l'avant-garde, puis une partie des troupes alliées, les légions avec leurs convois, et le reste des alliés. En pays ennemi, on se faisait précéder d'éclaireurs et on marchait en colonne carrée pour pouvoir faire face de tous côtés à une attaque subite.

En temps normal, l'armée couvrait environ 25 kilomètres par jour; mais les marches forcées pouvaient atteindre, quand on était sans bagages, 50 et même 75 kilomètres par jour.

L'ARMÉE AU CAMP

Quand arrivait le soir, l'armée s'arrêtait et installait toujours un **camp** fortifié. Après qu'un augure avait tracé l'enceinte rectangulaire, les soldats creusaient un fossé : la terre, rejetée vers l'intérieur, formait un talus sur lequel on plantait une palissade de pieux. On traçait ensuite deux grandes rues qui se coupaient à angle droit; à leur intersection, sur un espace découvert, qui s'appelait le forum, on plaçait l'autel et la tente du général appelée *prétoire*, puis celles des légats, des tribuns militaires et du questeur. A côté était l'*augural* où l'on prenait les auspices et où l'on mettait la cage des poulets sacrés. Sur le forum on élevait un tertre de gazon — le *tribunal* —, d'où le général pouvait haranguer ses troupes.

UN CAMP POUR QUATRE LÉGIONS.

Le camp est un rectangle, protégé par un retranchement, vallum *formé d'un fossé, d'un parapet,* agger, *d'une palissade. Quatre portes y donnent accès, elles sont ici gardées par des postes de troupes auxiliaires placés au dehors. On aperçoit dans le camp la tente isolée du général; en face, son tribunal. Les étendards sont plantés devant les tentes des officiers. Les tentes des soldats son disposées en parallélogrammes.*

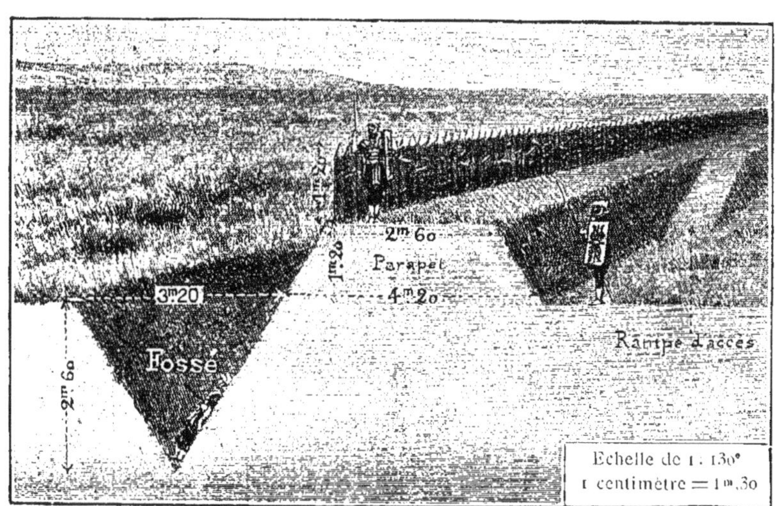

PROFIL DU RETRANCHEMENT D'UN CAMP.

Le fossé, le parapet, agger, *élevé avec la terre tirée du fossé, la palissade faite de troncs d'arbres auxquels on laissait des branches pour les enlacer, constituent le* vallum *ou retranchement. Les soldats représentés ici sont supposés grands de 1 m. 60.*

Photo Neurdein.

INFANTERIE ROMAINE AU COMBAT.
Bas-relief du mausolée de Saint-Rémy.

Les soldats romains portent le bouclier ovale, le casque à panache et combattent avec le javelot ou pilum. *Debout, au milieu de la gravure, un général avec le manteau flottant. A gauche, entre deux Romains, on reconnait un Gaulois à son casque surmonté de cornes recourbées. Le mausolée de Saint-Rémy (près d'Arles), élevé en l'honneur d'un chef gaulois, date de la fin du premier siècle av. J.-C.*

Les soldats se répartissaient dans les quatre quartiers du camp et dressaient leurs tentes : chacune servait à dix hommes. Puis on établissait les sentinelles qui veillaient surtout aux quatre portes du camp, les tribuns donnaient le mot d'ordre, qui variait chaque soir, et désignaient les cavaliers qui feraient les rondes pendant la nuit. *Fortifiée dans son camp, l'armée était à l'abri des surprises et pouvait attendre l'heure propice pour livrer bataille.*

L'ARMÉE AU COMBAT

Au moment d'engager le combat, le général prenait les auspices en consultant l'appétit des poulets sacrés ; s'ils étaient favorables, il haranguait ses troupes et les rangeait en bataille. L'armée se disposait sur trois lignes — *hastati, principes, triarii* — et en quinconce comme les cases d'un damier. Les légions étaient au

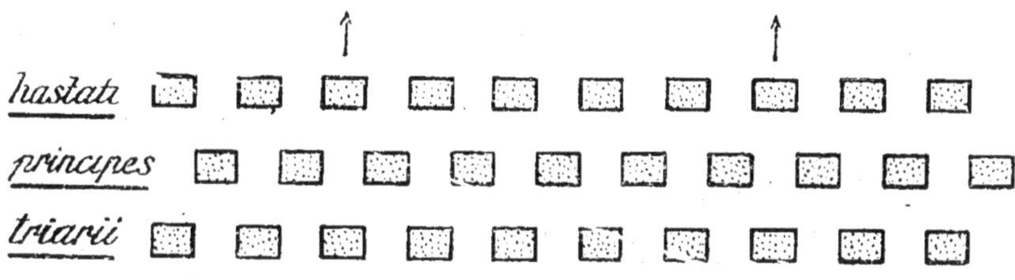

ORDRE DE BATAILLE DE L'INFANTERIE LÉGIONNAIRE.

centre, les alliés et les auxiliaires formaient les deux ailes. La cavalerie se plaçait sur les flancs ou bien se dissimulait par derrière pour se démasquer brusquement.

Au signal donné par une trompette, les *hastati*, poussant de grands cris, fondaient sur l'ennemi au pas de course ; lorsqu'ils n'étaient plus séparés de lui que par une distance d'environ 25 mètres, ils lançaient le javelot, puis, l'épée en main, engageaient le corps à corps. S'ils fléchissaient, les *principes* venaient à leur secours, et, s'il le fallait, les *triarii* : de là l'expression « on a recours aux *triarii* » pour dire « la situation est critique ».

L'ARMÉE AU SIÈGE DES VILLES

Les Romains, grands remueurs de terre, excellèrent dans l'art des sièges. Quand il s'agissait de donner l'assaut à une place, les soldats commençaient par faire des *travaux d'approche* : ils construisaient devant les murailles ennemies des levées de terre sur lesquelles ils plaçaient des machines de toutes sortes destinées à écarter l'adversaire qui défendait le rempart. C'étaient des *tours* en bois, montées sur roues, d'où l'on tirait sur l'ennemi, des *balistes* qui lançaient des boulets de pierre, des *catapultes* ou *scorpions* qui lançaient des flèches. Les défenseurs ainsi écartés, on faisait une brèche dans le rempart soit en le frappant à coups de *bélier* — grosse poutre garnie de fer —, soit en creusant une *mine* par-dessous. La brèche faite, on donnait l'assaut.

TRAVAUX DES ROMAINS AU SIÈGE D'ALÉSIA.

Reconstitution du Musée de Saint-Germain.

Un rempart palissadé et garni de tours en bois; deux fossés; trois lignes de chevaux de frises, branches d'arbres aiguisées; plusieurs lignes de pieux pointus dans des chausse-trapes. Il y eut, autour d'Alésia, trente-sept kilomètres de travaux faits en cinq semaines.

Le siège d'Alésia par César en 52 av. J.-C. est le chef-d'œuvre du genre[1]. Il s'agissait de cerner les Gaulois pour les prendre par la famine et d'empêcher toute armée de secours de parvenir jusqu'à eux. César fit creuser un fossé de 6 mètres de largeur sur 6 mètres de profondeur et qui avait près de 17 kilomètres de longueur. En arrière, « il fit creuser deux autres fossés aussi profonds que le premier et larges de 15 pieds [4 m. 50]... Derrière ces fossés, il fit élever un rempart et une terrasse de 12 pieds de haut [3 m. 60] avec un parapet et des créneaux... Le tout fut flanqué de tours éloignées entre elles de 80 pieds [24 m.]... On coupa encore des troncs d'arbres ou de très fortes branches qu'on enfonçait, équarris à la hache et aiguisés par le sommet, dans des fosses contiguës de cinq pieds de profondeur [1 m. 50], d'où sortait le branchage de ces pieux; et on les assujettissait au fond pour qu'on ne pût les arracher. Il y en avait cinq rangs, liés et entrelacés entre eux. Cela s'appelait des *cippes*. Devant les cippes on creusa en quinconce des trous profonds de 3 pieds [0 m. 90]; on y enfonçait d'autres pieux ronds et gros comme la cuisse, très pointus et brûlés par le bout. Il y en avait huit rangs à trois pieds l'un de l'autre. En avant encore on semait partout et très près l'une de l'autre des plaques de fer d'un pied de long [0 m. 30] garnies de crochets de fer. » Puis César fit faire les mêmes travaux du côté de l'extérieur en prévision des attaques venues du dehors. (CÉSAR, *Guerre des Gaules*, liv. VII, trad. Sommer.)

1. Voir ci-dessus, chap. XVIII.

SCÈNES DE LA VIE MILITAIRE DES ROMAINS.

D'après les bas-reliefs de la colonne Trajane.

De haut en bas : 1° soldats romains construisant une muraille ; 2° à gauche, soins donnés aux blessés ; à droite, retranchement fait de plusieurs assises de rondins, dans lequel deux soldats manœuvrent un catapulte ; 3° catapultes sur voitures traînées par des mulets, comme le sont aujourd'hui nos mitrailleuses. — Ces bas-reliefs datent du début du second siècle ap. J.-C., mais de bonne heure l'armée romaine a dû sa supériorité à son organisation et à ses travaux de retranchement.

VALEUR DU SOLDAT ROMAIN

Le soldat romain n'était pas doué de qualités physiques exceptionnelles. S'il devint supérieur à tous ses adversaires, il le dut à un *entraînement méthodique*. L'entraînement commençait dès la vie civile. En temps de paix, les jeunes Romains s'exerçaient sur le Champ de Mars, lançaient le javelot, faisaient de l'escrime à l'épée, couraient tout armés, passaient le Tibre à la nage; ils se servaient d'armes deux fois plus pesantes que celles qu'ils devaient avoir en campagne. A l'armée, le soldat ne restait jamais inoccupé. Quand il ne se battait pas, il était constamment tenu en haleine par des *exercices* et des *manœuvres*, comme le sont aujourd'hui nos soldats.

Voici comment, dit Tite Live, « Scipion employa les quelques jours qu'il avait décidé de passer dans Carthagène [ville d'Espagne] à exercer ses troupes : le premier jour les légions parcoururent tout armées un espace de quatre milles [six kilomètres]; le second, elles reçurent l'ordre de nettoyer et de polir leurs armes devant leurs tentes; le troisième, elles donnèrent le spectacle d'une bataille rangée où l'on n'employa que des fleurets et des traits dégarnis de leur fer; le quatrième jour, repos; le cinquième, nouvelles évolutions militaires. On observa ces alternatives d'exercices et de repos tant que l'on resta à Carthagène. » (TITE LIVE, liv. XXVI, trad. Gaucher.)

En dehors des exercices et des manœuvres, les soldats étaient employés à toutes sortes de *travaux* utiles, construction de remparts, de routes, d'aqueducs. Ils étaient aussi habiles à manier la pelle et la pioche que le javelot et l'épée, aussi bien entraînés à établir un camp qu'à livrer bataille.

Supérieur à tous les autres par l'entraînement et l'aptitude au travail, le soldat romain l'était aussi par les *vertus morales*, le dévouement à la patrie, l'endurance, et surtout l'esprit de discipline.

LA DISCIPLINE

Le général en chef avait l'autorité absolue sur ses troupes, le droit de vie et de mort sans appel. Aussi les licteurs portaient-ils dans le camp la hache au milieu des faisceaux.

Les *punitions étaient nombreuses* : les fautes légères étaient punies de la bastonnade, de l'exposition pendant plusieurs heures les fers aux pieds; dans les cas graves on renvoyait le soldat dans ses foyers — c'était le *congé infamant* qui équivalait à notre dégradation militaire —, ou bien on le condamnait à *mort* : les licteurs l'attachaient au poteau, le frappaient de verges, puis lui tranchaient la tête. Quand tout un corps avait désobéi, le général faisait désigner par le sort et exécuter un homme sur dix : c'était la *décimation*.

On donnait des exemples terribles de dureté dans la discipline. En 340, le consul Manlius Torquatus avait défendu à ses soldats de combattre sans permission. Son fils, provoqué par un ennemi, le tue en combat singulier et, tout joyeux, revient vers son père : « Pour prouver à tous que je suis de ton sang, dit-il, je t'apporte ces dépouilles d'un cavalier que j'ai tué. » A ces mots le consul se détourne de son fils et, sans tarder, fait sonner la trompette et convoque l'armée. Dès qu'elle s'est assemblée : » T. Manlius, dit-il, puisque sans respect pour l'autorité consulaire ni pour la majesté paternelle tu as combattu malgré notre ordre hors des rangs ; puisque tu as détruit, autant que tu l'as pu, la discipline militaire, qui, jusqu'à ce jour, a fait la force de Rome..., va, licteur, attache-le au poteau. » Et il fait exécuter son fils. (Tite Live, liv. VIII, trad. Gaucher.)

Mais les *récompenses* honoraient aussi les bons soldats. On donnait des armes d'honneur, des bracelets, des médailles, des couronnes la *couronne murale* récompensait celui qui était monté le premier à l'assaut d'une ville ennemie ; le soldat qui avait sauvé la vie à un citoyen romain dans le combat recevait la *couronne civique*. Enfin la récompense suprême pour une armée victorieuse, était ***le triomphe***.

LE TRIOMPHE

Pour obtenir du Sénat l'autorisation de *triompher*, le général devait avoir tué au moins 5 000 ennemis dans une seule victoire, terminé la guerre, et agrandi le territoire romain. L'autorisation obtenue, l'armée pénétrait dans Rome, tandis que, dans toute autre circonstance, il était absolument interdit de franchir en armes l'enceinte sacrée du *pomerium*.

La procession s'organisait au Champ de Mars : en tête les magistrats, les sénateurs, puis la musique ; ensuite les chariots qui portaient le butin, les captifs de marque enchaînés, les animaux destinés au sacrifice et les sacrificateurs. Enfin, précédé de licteurs en tunique de pourpre, apparaissait le triomphateur ; il était assis sur la chaise curule dans un char en forme de tour, traîné par quatre chevaux ; il portait les insignes de Jupiter Capitolin, la toge de pourpre brodée d'or, la couronne triomphale de laurier et il avait, comme les statues des dieux, les joues fardées de vermillon. Ses soldats le suivaient en lançant de grosses plaisanteries et en chantant des chansons où revenait un vieux cri religieux : « *Jo triompe !* » Le cortège traversait la ville, les maisons étaient tendues de guirlandes, les temples avaient leurs portes ouvertes ; on arrivait lentement au Capitole où le triomphateur consacrait sa couronne à Jupiter et célébrait un sacrifice pendant qu'on exécutait les chefs des captifs au-dessous du temple, dans la prison souterraine du *Tullianum*.

Parfois le triomphe était plus modeste : le général montait à cheval au Capitole sans porter les insignes de Jupiter, et il ne sacrifiait qu'une brebis. Ce triomphe restreint s'appelait l'*ovation* — du mot latin *ovis* qui signifie brebis —.

LE BUTIN

Pour les Romains, toute guerre devait être une opération fructueuse. Après la victoire, on rassemblait le *butin*, dont une partie était distribuée aux soldats et dont le reste était vendu au profit du Trésor public. La conquête de la Macédoine rapporta seule cent vingt millions de sesterces — au poids de l'or, environ trente millions de francs. — Les citoyens y gagnèrent d'être exempts d'impôt. Ils étaient intéressés aux conquêtes, non moins que les soldats, et on a pu dire justement que « *Rome a conquis le monde, moins pour la gloire que pour les profits* ».

CASQUES.

A gauche, un casque de légionnaire, le cassis, en métal terminé par un anneau qui permet de le porter en marche suspendu à l'épaule par une courroie. — A droite, un casque de prétorien, soldat de la garde des Empereurs ; il a un cimier garni de plumes. Les jugulaires qui couvrent les joues sont articulées.

CHAPITRE VII

CONQUÊTE DE L'ITALIE PAR LES ROMAINS

Rome grandit lentement. Longtemps affaiblie par les troubles intérieur, elle soutint des luttes difficiles contre les peuples voisins, Latins, Etrusques, Eques et Volsques. Son premier grand succès fut la prise de Véies en 395.

Ruinée soudain par l'invasion gauloise (387), Rome ne tarda pas à se relever. Après une lutte acharnée, elle dompta les montagnards samnites (290). Puis, malgré Pyrrhus, roi d'Epire, elle soumit les cités grecques de l'Italie du sud (270).

Ainsi, au troisième siècle, grâce à sa ténacité, Rome était devenue maîtresse de toute l'Italie. Elle sut consolider sa domination en organisant habilement sa conquête, en créant des colonies et en construisant de grandes routes.

LES GUERRES DE OME EN ITALIE

Les Romains ont mis plusieurs siècles à conquérir l'Italie. Pendant longtemps, ils ont lutté, non pas pour conquérir, mais simplement pour se défendre. D'ailleurs ils étaient divisés entre eux et affaiblis par la rivalité des patriciens et des plébéiens. C'est peu à peu qu'ils ont pris conscience de leur force et que l'ambition leur est venue de dominer l'Italie.

Au cours de cette longue période de guerres, les Romains n'ont pas toujours été victorieux. Ils ont même subi de véritables désastres. Mais ils ne se sont jamais découragés et, toujours, ils ont fini par reprendre l'avantage. *Ainsi c'est à leur ténacité qu'ils ont dû leur succès final.*

L'histoire de ces guerres est d'ailleurs très mal connue. Plus tard, pour masquer leurs défaites ou pour faire valoir l'héroïsme de leurs ancêtres, les Romains ont inventé toutes sortes de légendes auxquelles il est difficile de croire.

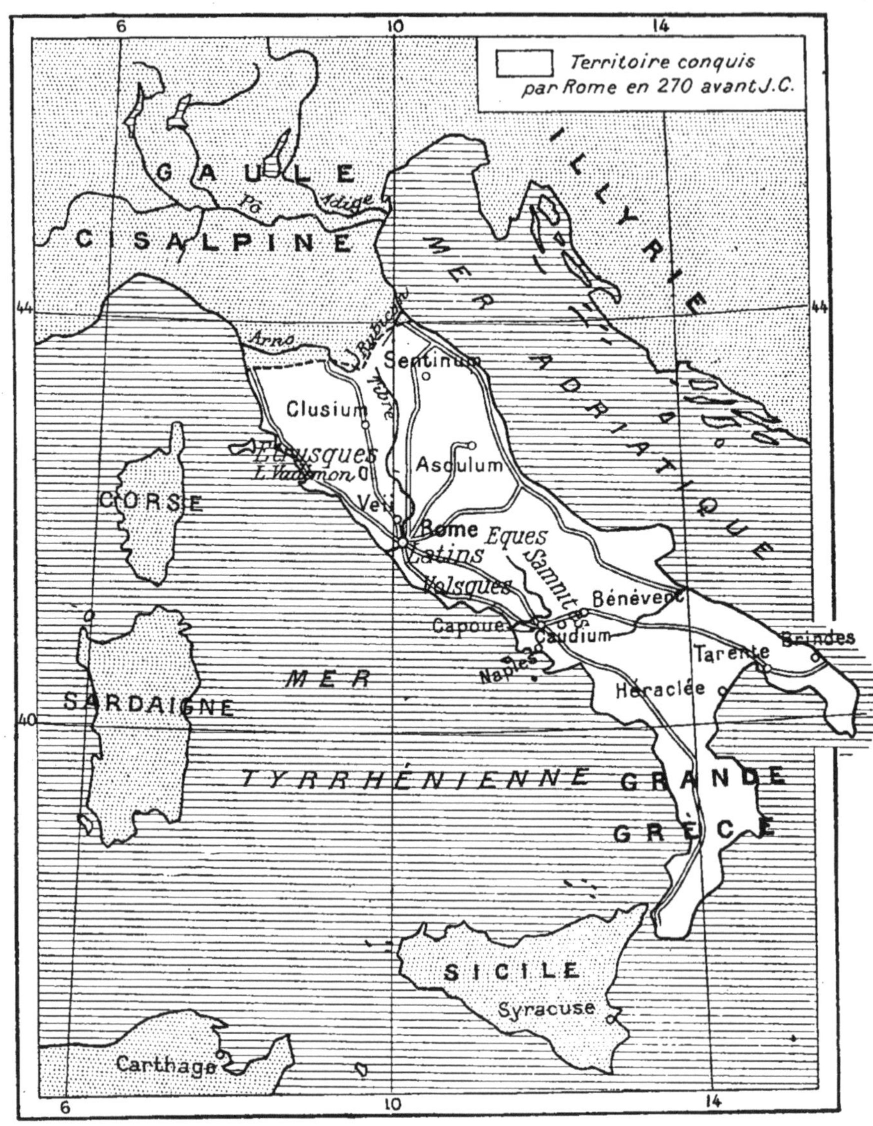

CONQUÊTE DE L'ITALIE PAR LES ROMAINS.

DÉBUTS DIFFICILES DE LA RÉPUBLIQUE

On a vu[1] que, sous les rois, Rome avait fait quelques guerres heureuses : elle était devenue la principale cité du Latium et dirigeait la *Confédération latine*. Mais elle avait de nombreux ennemis dans son voisinage, soit parmi les *Latins* eux-mêmes, soit parmi les

1. Voir ci-dessus, chapitre III.

Etrusques, soit parmi les peuples de la montagne, tels que les *Eques* et les *Volsques*.

Aussi les débuts de la République furent-ils marqués par une crise grave. Les troubles qui suivirent la révolution de 509 avaient affaibli Rome. Un chef étrusque, *Porsenna*, en profita pour s'emparer de la ville et la réduire en servitude : il interdit aux Romains l'usage du fer, sauf pour la fabrication de leurs outils agricoles.

Les historiens romains, pour faire oublier cette défaite, racontaient les exploits d'*Horatius Coclès* et de *Mucius Scaevola*. Le premier, surnommé *Coclès* — le borgne — avait à lui seul contenu l'armée étrusque pendant que derrière lui les Romains coupaient le pont Sublicius, puis, tout armé, il avait franchi le Tibre à la nage. *Mucius* avait pénétré dans le camp étrusque pour tuer Porsenna, mais il s'était trompé et n'avait tué que le secrétaire du roi. Arrêté et menacé de la torture, « il étend la main droite sur un brasier allumé pour le sacrifice et il la laisse brûler comme s'il était insensible à la douleur. Nous sommes trois cents, dit-il, l'élite de la jeunesse romaine, qui avons juré de te faire périr ainsi. Le sort m'a désigné le premier : les autres viendront successivement et à leur tour jusqu'à ce qu'une occasion favorable te livre à leurs coups ! » (TITE LIVE, liv. II, trad. Gaucher.) Effrayé, Porsenna aurait immédiatement fait la paix. Mucius reçut le nom de *Scaevola* — qui a perdu la main droite —.

ROME ET LES LATINS

La domination étrusque ne dura pas. Vaincus par les Grecs et les Latins, les Étrusques furent chassés de Rome. Mais les Latins ne voulaient plus obéir aux Romains : ce fut l'occasion d'une nouvelle guerre entre Romains et Latins. Ceux-ci furent battus près du *lac Régille* 496). Cependant la guerre se termina par un traité qui établissait l'égalité la plus complète entre les Romains et les Latins (493).

Ce traité fut gravé sur une colonne de bronze qui existait encore au début de l'ère chrétienne : « Il y aura paix entre les Romains et les Latins tant que le ciel sera au-dessus de la terre, et la terre sous le soleil ; ils ne s'armeront pas les uns contre les autres ; ils ne donneront pas passage à l'ennemi à travers leurs territoires, et ils se porteront secours avec toutes leurs forces quand ils seront attaqués. Le butin et les conquêtes faits en commun seront partagés. » (DENYS d'HALICARNASSE, VI, trad. Duruy.)

LES EQUES ET LES VOLSQUES

Au cinquième siècle, la croissance de Rome fut retardée par les troubles violents qui mettaient aux prises, à l'intérieur de la cité, les patriciens et les plébéiens. Unis aux Latins, les Romains eurent beaucoup de peine à repousser les incursions des montagnards voisins, les *Volsques* au sud, les *Eques* au nord. Ceux-ci ne furent définitivement rejetés hors du Latium que tout à la fin du siècle.

Parmi les nombreuses légendes qu'on racontait sur ces guerres, les plus connues sont celles de *Cincinnatus*[1] et de *Coriolan*. Coriolan était un patricien qui, exilé de Rome, s'était réfugié chez les Volsques et avait marché à leur tête contre sa patrie. En vain, les anciens consuls et les prêtres le supplièrent de renoncer à sa vengeance : il ne céda qu'aux larmes de sa mère.

FRISE DE VÉIES De tous les peuples voisins, les plus redoutables étaient encore les Étrusques. Rome n'était séparée de l'Étrurie que par le Tibre. Or il y avait sur la rive droite du fleuve, à moins de vingt kilomètres de distance, une puissante cité étrusque, ***Véies***, qui était pour Rome une rivale acharnée.

Photo Hachette.

GUERRIERS ÉTRUSQUES.

Musée du Louvre.

A gauche, guerrier armé de la lance; à droite, un archer; au milieu, une prêtresse. Remarquez la chaussure étrusque à bout recourbé, comme la bolté persane. Les Étrusques sont petits et trapus, ils portent la barbe et les cheveux longs.

En même temps qu'elle luttait contre les Eques et les Volsques, Rome avait été sans cesse en guerre avec les Étrusques de Véies. Lorsque, d'après la tradition, les 306 Fabii avaient quitté Rome[2], ils allaient se battre contre les Véiens; tombés dans une embuscade, ils y périrent tous (477). Enfin, en 406, le Romain ***Camille***, homme énergique et bon général, résolut d'en finir avec Véies. Ayant fait instituer la *solde*, il pouvait retenir plus longtemps les citoyens à l'armée.

Après un siège qui dura, dit-on, onze ans, les Romains

1. Voir ci-dessus, page 58.
2. Voir ci-dessus, page 28.

UN COMBAT CONTRE DES GAULOIS.
D'après un bas-relief antique. Moulage du musée de Saint-Germain.

Nous connaissons surtout les anciens Gaulois par les œuvres des sculpteurs de Pergame, dont les rois eurent à soutenir de rudes guerres contre les Gaulois qui avaient envahi l'Asie Mineure. Ce bas-relief qui orne un sarcophage est sans doute imité d'une de ces œuvres. Presque tous les Gaulois combattent nus ; ils portent des colliers ; ils ont comme armes l'épée et le bouclier En haut du bas-relief, femmes gauloises captives ; à droite, tête de Gaulois.

prirent Véies et annexèrent son territoire : *c'était la première conquête importante faite hors du Latium par les Romains* (395).

L'INVASION GAULOISE

A peine les Romains avaient-ils vaincu les Étrusques qu'ils virent paraître de nouveaux ennemis, plus redoutables encore. Des bandes de ***Celtes*** ou ***Gaulois***, venues de l'Europe centrale, avaient envahi la plaine du Pô. En 387, une de ces bandes franchit l'Apennin et attaqua la ville étrusque de *Clusium* ; puis, comme des envoyés romains avaient aidé les assiégés à résister, les Gaulois marchèrent sur Rome.

Les Romains les attendaient à quelques kilomètres de la ville, sur les bords d'une petite rivière, l'*Allia*. Mais quand ils virent ces colosses aux cheveux roux, qui, presque nus, tenant leur épée à deux mains, se précipitaient sur eux en poussant des cris sauvages, ils furent pris de panique; les uns franchirent le Tibre à la nage et se réfugièrent à Véies, les autres s'enfuirent à Rome et se fortifièrent dans la citadelle du mont Capitolin. Le jour anniversaire de la bataille de l'Allia (18 juillet 387) demeura toujours à Rome un *jour néfaste*[1].

PRISE DE ROME PAR LES GAULOIS

Les Gaulois entrèrent dans la ville abandonnée par ses habitants.

Tite Live raconte que seuls quelques vieux sénateurs, revêtus de leurs insignes, s'étaient assis sur le Forum et là, immobiles, attendaient l'ennemi : « Les Gaulois, debout, les contemplaient comme des statues. Mais l'un d'eux s'avise de caresser la barbe de M. Papirius qui, suivant l'usage du temps, la portait fort longue. Le Romain frappe de son bâton d'ivoire la tête du Gaulois. Celui-ci s'irrite et le tue. C'est le signal du carnage. Bientôt tous les autres sont égorgés... On pille les maisons, puis on y met le feu. » (Tite Live, liv. V, trad. Gaucher.)

Restait à prendre la forteresse du Capitole. D'après la tradition romaine, les Gaulois donnèrent plusieurs fois l'assaut, mais sans succès; une fois, en pleine nuit, ils étaient arrivés jusqu'en haut de la muraille quand les défenseurs furent réveillés par les cris des *oies* consacrées à la déesse Junon; ils accoururent et, cette fois encore, les Gaulois furent repoussés. Enfin, ils consentirent à se retirer moyennant une forte rançon.

« A cette transaction si honteuse s'ajouta une nouvelle humiliation. Les Gaulois ayant apporté de faux poids, le tribun les refusait. L'insolent vainqueur ajouta alors son épée dans la balance et fit entendre cette parole si dure pour les Romains : « Malheur aux vaincus! — *Væ victis!* — » (Tite Live, liv. V, trad. Gaucher.)

Les Romains conservèrent longtemps la terreur des Gaulois. Dès qu'on annonçait leur approche, le Sénat décrétait le *tumulte*, c'est-à-dire la levée en masse.

CONQUÊTE DU LATIUM

Sous l'impulsion de Camille, Rome se releva promptement de ses ruines. Elle se retrouva bientôt plus forte qu'elle n'était avant la catastrophe de l'invasion gauloise. Vers le milieu du quatrième siècle, elle entreprit de nouvelles guerres qui devaient aboutir, en soixante-dix ans environ, à la conquête de toute l'Italie.

1. Voir ci dessus, page 42.

GUERRIERS SAMNITES.
D'après des vases peints.

Les guerriers samnites se distinguaient par les hautes plumes qui surmontaient leurs casques. Ceux-ci étaient d'ailleurs de forme variée — le casque du guerrier du milieu ressemble tout à fait à l'ancien casque de nos dragons.

La première région conquise fut le *Latium*. Vers 343, Rome avait secouru Capoue attaquée par les Samnites, et avait étendu son autorité sur la Campanie. Les Latins, que les possessions romaines enserraient maintenant au nord et au sud, craignirent pour leur indépendance et prirent les armes (340). Les Romains remportèrent en 338 une victoire décisive ; on racontait que le consul *Décius*, voyant ses troupes faiblir dans la bataille, s'était « dévoué » aux dieux, c'est-à-dire qu'il s'était fait tuer pour apaiser la colère des dieux et donner la victoire à son armée.

La victoire de Rome mit fin à la confédération latine. Les cités qui en faisaient partie n'eurent plus le droit d'avoir aucun rapport les unes avec les autres. Elles furent soumises à Rome.

UERRE CONTRE LES SAMNITES

Les ***Samnites***, rudes montagnards, furent plus difficiles à vaincre. Établis dans les montagnes qui dominent la Campanie, ils ne voulaient pas renoncer à leurs fructueuses expéditions de pillage dans la plaine. De là une guerre acharnée, qui se prolongera presque sans interruption pendant cinquante ans, de 328 à 280.

En plaine, Rome eut assez vite l'avantage; mais, dans les montagnes de l'Apennin, les Samnites pratiquèrent une guerre d'embuscades qui leur valut quelques succès. C'est ainsi qu'en 321, une armée romaine fut cernée près de *Caudium* entre deux défilés appelés *Fourches Caudines* et obligée de subir les conditions humiliantes du vainqueur : officiers en tête, sans armes et à demi nus, les Romains passèrent sous le joug, c'est-à-dire sous une lance placée en travers sur deux autres, assez bas pour les obliger à courber la tête. Malgré ce désastre, les Romains continuèrent la lutte, reprirent l'avantage et, traversant l'Apennin, étendirent leur domination sur le nord de l'Apulie : *pour la première fois ils avaient atteint l'Adriatique.*

LES COALITIONS CONTRE ROME

D'année en année, la puissance de Rome devenait plus grande. Les différents peuples de l'Italie comprirent alors qu'ils devaient s'unir aux Samnites s'ils voulaient sauver leur indépendance. A partir de 311, il se forma contre Rome de véritables *coalitions*. Les Étrusques, les Ombriens, les Lucaniens, certains peuples gaulois eux-mêmes s'allièrent aux Samnites. Rome dut faire les plus grands efforts pour lutter contre tant d'ennemis. Elle triompha d'eux cependant parce qu'ils ne surent pas combiner leurs attaques et l'accabler sous le nombre. Les Étrusques furent écrasés à la bataille du *lac Vadimon* (309), les Ombriens les Gaulois Sénons et les Samnites à ***Sentinum*** (295), les Gaulois Boïens et les Étrusques à la deuxième bataille du *lac Vadimon* (283).

Les Samnites luttèrent jusqu'au bout avec l'énergie du désespoir. Après la défaite de Sentinum, tout ce qui restait de soldat valides — près de 40000 hommes — fut rassemblé près d'Aquilonie : « Là, vers le milieu du camp, on forma une enceinte formée de planches et de cloisons, et couverte d'étoffes de lin; on y offrit un sacrifice dans les formes prescrites par un vieux rituel écrit sur toile.... Le sacrifice terminé, le général faisait appeler les soldats les plus illustres par leur naissance et leurs exploits. On les introduisait un à un. Outre que tout l'appareil de ce sacrifice était de nature à pénétrer l'âme d'une terreur religieuse, on avait encore dressé, au milieu de cette enceinte couverte de tous côtés, des autels entourés de victimes immolées et de centurions qui se tenaient debout, l'épée nue. On faisait approcher de l'autel chaque soldat et on le forçait de s'engager par serment à ne rien révéler de ce qu'il aurait vu ou entendu en ce lieu. Il était ensuite contraint de prononcer une terrible formule d'imprécation contre lui-même, sa famille, ses enfants, s'il ne marchait au combat partout où ses généraux le conduisaient, s'il s'enfuyait du champ de bataille ou s'il ne tuait pas à l'instant le premier qu'il verrait fuir. Quelques-uns refusèrent d'abord de prononcer ce serment; on les égorgea autour des autels. Leurs cadavres gisant parmi les victimes immolées furent pour les autres un avertissement de se soumettre. » (TITE LIVE, liv. X, trad. Gaucher.) Parmi ces soldats ainsi fanatisés, on en choisit 16000 qui formèrent la *légion du lin* et qui tous se firent tuer dans une dernière bataille.

Photo Giraudon

PYRRHUS, roi d'Epire (?).
Musée du Capitole.

Pyrrhus fut un de ces nombreux chefs grecs qui, éblouis par les exploits d'Alexandre, voulurent les recommencer. Il essaya de conquérir la Macédoine et l'Italie, et, après de brillants succès qui ne furent jamais décisifs, il finit misérablement à Argos, assommé, dit-on, par une tuile qu'une vieille femme lui jeta sur la tête.

GUERRE CONTRE TARENTE

Après ces grandes victoires, la domination romaine s'étendit sur toute l'Italie centrale Au nord, les Gaulois avaient été refoulés dans la plaine du Pô. Au sud, la plupart des cités grecques avaient accepté l'alliance romaine. Seule la riche *Tarente*, célèbre par son commerce et ses fabriques de drap, osa encore défier les Romains (281).

Pour toute armée, Tarente avait ses trésors. Elle prit à sa solde **Pyrrhus**, roi d'Epire, prince remuant et audacieux, toujours à la recherche d'aventures, d'exploits et de butin, d'ailleurs habile homme de guerre. Pyrrhus débarqua en Italie avec une bonne armée de mercenaires et des éléphants, animaux jusqu'alors inconnus des Romains. Il fut deux fois vainqueur à *Héraclée* et à *Asculum*, mais ces victoires chèrement achetées ne furent pas décisives[1]. Son ami *Cinéas* vint alors à Rome négocier la paix. mais les Romains, auxquels Carthage venait de proposer son alliance, rejetèrent les offres de Pyrrhus : « Que Pyrrhus sorte d'abord d'Italie, s'écria le vieux sénateur Appius Claudius. ensuite nous pourrons écouter ses ambassadeurs ! » Cinéas avoua, dit-on, que le Sénat lui avait paru être « une assemblée de rois ».

Abandonnant la guerre contre Rome, Pyrrhus passa en Sicile guerroyer contre les Carthaginois pour le compte de Syracuse. Puis il revint en Italie : mais ce fut pour se faire battre par les Romains a *Bénévent* (275). Découragé, il retourna en Grèce, où il fut tué, trois ans plus tard, en assiégeant Argos. Cependant les Romains avaient pris Tarente. *Ils étaient maîtres de toute l'Italie péninsulaire.*

ORGANISATION DE L'ITALIE

Il ne faut pas croire que l'Italie forma dès lors un seul État dont tous les habitants étaient égaux entre eux et qui avait Rome pour capitale. *L'Italie vaincue resta soumise aux Romains.* Rome appliqua aux peuples vaincus ce que nous appelons aujourd'hui le *régime du protectorat* : sous le nom d'alliés, ils continuèrent pour la plupart à se gouverner comme par le passé ; ils conservèrent leurs lois et leurs magistrats ; mais ils durent reconnaître « *la majesté* » — on dirait aujourd'hui la souveraineté — *du peuple romain* : ne déclarer la guerre, ne faire la paix, ne conclure d'alliances qu'avec l'autorisation de Rome : et fournir un contingent de soldats qui servirent dans l'armée romaine, à côté des légions.

HABILE POLITIQUE DU SÉNAT

D'ailleurs, *les peuples soumis à Rome ne furent pas tous traités de la même façon.* Droits et charges variaient considérablement d'une cité à l'autre. Cette diversité de traitement poussait les cités les moins favorisées à remplir scrupuleusement leurs engagements dans l'espoir d'être mieux traitées à l'avenir ; elle rendait aussi les cités vassales jalouses les unes des autres, ce qui était tout profit pour Rome.

1. On appelle *victoire à la Pyrrhus* une bataille où le vainqueur est presque aussi affaibli que le vaincu, et, par suite, tout succès trop chèrement acheté.

Photo Alinari.

La Voie Appienne.

La Voie Appienne est la plus ancienne et la mieux conservée des voies romaines d'Italie. Elle fut construite en 312 av. J.-C. par le censeur Appius Claudius pour relier Rome à Capoue. Sa largeur est de 3 mètres aux abords de Rome, de 4 mètres au delà. Elle était bordée de chaque côté par un trottoir pavé.

Les plus favorisees étaient celles dont les habitants avaient reçu le *droit de cité romaine*, c'est-à-dire avaient tous les droits des citoyens romains : ils pouvaient épouser une Romaine, acquérir une propriété à Rome, voter dans les comices, se faire élire magistrats, servir dans les légions.

Il y avait ensuite les *cités latines* et celles qui avaient obtenu les mêmes droits que les Latins. Leurs habitants pouvaient acquérir une propriété à Rome et épouser une Romaine, mais ils ne pouvaient ni voter dans les comices ni être élus magistrats romains.

Puis venait la majeure partie des alliés, appelés *fédérés* parce que leur condition était réglée par le traité ou *fœdus* qu'ils avaient signé. Ils n'avaient aucun des droits des citoyens romains; du moins ils se gouvernaient eux-mêmes, sous la surveillance de Rome.

Enfin, au dernier rang, venaient les *préfectures* : c'étaient les villes qui n'avaient même pas le droit d'avoir des magistrats à elles et qui étaient gouvernées par un *préfet* romain.

LES COLONIES

Pour assurer plus complètement leur domination, les Romains eurent encore recours à deux procédés : la fondation de *colonies* et la construction de *routes*.

Quand les Romains avaient vaincu un peuple, ils lui enlevaient d'ordinaire une petite partie de son territoire sur laquelle ils installaient comme agriculteurs d'anciens soldats. Ces postes militaires, véritables sentinelles avancées, chargées de surveiller la fidélité des pays conquis, s'appelaient des *colonies*. Les unes ne comprenaient que quelques centaines de colons, d'autres plusieurs milliers. Vers 250 av. J.-C., il y en avait en Italie environ cinquante.

Les colonies rendirent à Rome les plus grands services. C'est à cause d'elles que Pyrrhus et plus tard Hannibal échouèrent dans leur tentative de soulever les Italiens contre Rome.

LES VOIES ROMAINES

Cette organisation n'avait d'efficacité que si les colonies pouvaient communiquer facilement les unes avec les autres et toutes avec Rome. C'est pourquoi les Romains établirent à travers l'Italie de grandes routes, construites avec tant de soin qu'il en reste aujourd'hui encore de nombreux vestiges.

La plus ancienne, la *Voie Appienne*, commencée en pleine guerre samnite par le censeur Appius Claudius, reliait Rome à Capoue en suivant le littoral; elle fut ensuite prolongée jusqu'à Brindes sur la mer Adriatique. Elle était doublée, de Rome à Capoue, par la *Voie Latine* qui au lieu de longer la côte coupait par l'intérieur. Vers le nord-est, la *Voie Flaminienne* franchissait l'Apennin et atteignait la côte adriatique près de l'embouchure du Rubicon. Enfin, au nord-ouest, la *Voie Aurélienne* suivait le littoral étrusque jusqu'aux abords de la Ligurie.

Les voies romaines jouaient le rôle de nos chemins de fer stratégiques. Les légions pouvaient désormais aller du nord au sud de la péninsule en une dizaine de jours, se porter rapidement sur un point menacé, étouffer un soulèvement dès sa naissance, et faire partout respecter d'un bout à l'autre de l'Italie la « majesté du peuple romain ».

CHAPITRE VIII

RIVALITÉ DE ROME ET DE CARTHAGE
LA PREMIÈRE GUERRE PUNIQUE

Maîtresse de l'Italie, Rome disputa la Sicile à la grande cité phénicienne de Carthage, qui dominait toute la Méditerranée occidentale.

La première guerre punique dura vingt-trois ans (264-241). Bien que Carthage fût une puissance maritime, Rome réussit à la vaincre et à lui enlever la Sicile.

Mais il y avait à Carthage un parti de la revanche, dont le chef était Hamilcar Barca. Hamilcar conquit l'Espagne. Il légua sa haine des Romains et ses projets de guerre à son fils Hannibal.

LES GUERRES PUNIQUES

A peine la conquête de l'Italie était-elle terminée que Rome s'engagea dans une série de guerres contre Carthage. Ces guerres qui durèrent, avec de longs intervalles de trêve, plus d'un siècle (264 à 146 av. J.-C.), ont été appelées ***guerres puniques***, du nom de *Puni* par lequel les Romains désignaient les Phéniciens.

CARTHAGE

Carthage était, en effet, une colonie de la ville phénicienne de Tyr. Fondée vers 800 av. J.-C. dans un site admirablement choisi au centre du bassin méditerranéen avait réussi à dominer la Méditerranée occidentale. Les autres colonies phéniciennes d'Afrique étaient devenues ses vassales. Ses comptoirs s'échelonnaient sur les côtes de l'Afrique du Nord, d'Espagne, des îles Baléares, de Corse et de Sardaigne. Elle possédait les deux tiers de la Sicile et la majeure partie de la Tunisie actuelle, qui, bien cultivées, lui fournissaient de grandes quantités de blé et d'huile ; le Car-

Photo Garrigues.

LES PORTS DE CARTHAGE ET LE GOLFE DE TUNIS.

Carthage s'élevait presque au fond du golfe qui porte aujourd'hui le nom de golfe de Tunis : Tunis est à quinze kilomètres environ au sud-ouest de Carthage — sur la droite de la photographie — au fond d'un lac qui est comme l'arrière-port du golfe. Au pied du rocher qui portait la citadelle de Carthage, Byrsa, la mer formait une série de petits lacs circulaires, vrais bassins naturels, qui apparaissent nettement découpés sur la photographie, et que les Carthaginois avaient pu transformer à peu de frais en ports remarquablement abrités. — Au loin, les montagnes de la presqu'île du cap Blanc, qui limite le golfe de Tunis à l'est.

thaginois *Magon* avait écrit un traité d'agriculture si remarquable que le Sénat romain le fit traduire en latin.

Comme tous les Phéniciens, les Carthaginois étaient surtout marchands, industriels et marins. Ils trafiquaient par caravanes à travers le Sahara avec les peuples nègres du Soudan ; ils exploitaient les minerais d'Espagne, tissaient la laine et la soie ; presque tout le commerce de la Méditerranée occidentale était entre leurs mains ; leurs navires avaient même dépassé le détroit de Gibraltar, atteint au nord les Iles Britanniques et au sud le golfe de Guinée[1]. Au début du troisième siècle av. J.-C., Carthage était considérée comme la ville la plus riche du monde.

1. Voir l'*Orient et la Grèce*, classe de Sixième, page 148 (description du périple d'Hannon).

ORGANISATION DE CARTHAGE

Carthage l'emportait de beaucoup sur Rome par son activité industrieuse et ses richesses. Mais les Carthaginois étaient des hommes d'affaires, préoccupés surtout de s'enrichir ; ils n'avaient pas l'esprit de discipline et le patriotisme des Romains ; aussi leur organisation politique et militaire recélait-elle de graves causes de faiblesse.

Carthage était gouvernée par une aristocratie de riches marchands, jaloux de conserver le pouvoir et d'augmenter leur fortune. Ils désignaient chaque année deux magistrats, les *Suffètes* ; mais toute l'autorité appartenait au *Conseil des Cent*. Le peuple était tenu à l'écart et étroitement surveillé. Il ne pouvait avoir aucun respect pour des lois qui ne le protégeaient pas et pour un gouvernement qui le tyrannisait.

Afin de protéger son commerce maritime, Carthage entretenait une puissante *flotte de guerre*, composée de galères à cinq rangs de rames ou *quinquérèmes*. Mais elle n'avait pas d'armée nationale, recrutée parmi les citoyens ; elle employait des *bandes de mercenaires* étrangers, auxquelles elle se contentait de fournir des officiers.

ROME ET CARTHAGE

Jusqu'alors il n'y avait pas eu de rivalité entre Rome et Carthage. Leurs intérêts ne s'opposaient pas, Rome étant puissance continentale, Carthage puissance maritime. Au contraire, les relations entre les deux cités avaient toujours été amicales : dès 509, un traité de commerce les avait unies ; tout récemment encore, Carthage avait offert aux Romains son appui contre Pyrrhus.

La situation changea dès que Rome eut soumis l'Italie du Sud. Les Romains n'étaient plus séparés de la Sicile que par le détroit de Messine, quatre kilomètres à peine : ils devaient être bientôt tentés de conquérir cette île si riche, prolongement naturel de l'Italie. Mais *ils s'y heurtèrent à Carthage et ce fut l'origine des guerres puniques*. On raconte que Pyrrhus s'était écrié en quittant la Sicile : « Quel beau champ de bataille nous laissons aux Carthaginois et aux Romains ! »

La rivalité de Rome et de Carthage devint de plus en plus acharnée et donna lieu à trois guerres. Dans la première (264-241), Rome enleva à Carthage non seulement la Sicile, mais la suprématie maritime. Dans la seconde (218-201), après avoir failli succomber sous les coups d'*Hannibal*, Rome fut encore victorieuse et réduisit Carthage au rang de vassale. Enfin, la troisième guerre punique (149-146) se termina par la prise et la *destruction de Carthage.*

I

LA PREMIÈRE GUERRE PUNIQUE

CAUSE DE LA GUERRE

La guerre eut pour cause la *question de Messine.* La plus grande partie de la Sicile appartenait aux Carthaginois. Le sud-est formait le domaine de *Syracuse*, grande et riche cité grecque, gouvernée par le tyran *Hiéron.* L'importante région du détroit avec *Messine* était tombée aux mains de pillards italiens, les *Mamertins.*

Or, en 264. les Mamertins furent attaqués par Hiéron de Syracuse; sur le point de succomber, ils appelèrent à leur secours, d'abord les Carthaginois, puis les Romains. Les Carthaginois se hâtèrent d'occuper Messine, mais les Romains intervinrent à leur tour et prirent Messine par trahison. La guerre éclata entre Rome et Carthage.

LA GUERRE NAVALE

Alliés à Hiéron, les Romains conquirent une grande partie de la Sicile. Mais la force de Carthage résidait dans sa flotte. Si l'on voulait lui porter des coups décisifs, c'était sur mer qu'il fallait la battre. Les Romains possédaient déjà quelques navires, surtout depuis que les villes de la Grande Grèce étaient devenues leurs alliées, mais ils n'avaient aucune quinquérème.

En deux mois, ils en construisirent cent vingt. Comme ils n'étaient pas excellents marins, le consul *Duilius* eut l'idée d'adapter aux bordages des navires des grappins de fer appelés *corbeaux* qui, s'abattant sur les vaisseaux ennemis, les immobilisaient; la troupe de légionnaires que portait chaque navire romain pouvait alors monter à l'abordage. Par ce moyen, Duilius réussit à remporter une grande victoire navale à ***Myles***, sur la côte nord de la Sicile (260).

En souvenir de cette victoire, les Romains élevèrent sur le Forum la *colonne rostrale* qui portait l'inscription suivante : « (Duilius) fut le premier consul qui combattit avec des vaisseaux sur mer et construisit une flotte de guerre. Avec cette flotte, il vainquit en bataille rangée sur la haute mer la flotte entière des Carthaginois; il captura une septérème, trente quinquérèmes et trirèmes avec leurs éperons et coula treize vaisseaux. »

RÉGULUS EN AFRIQUE

Enhardis par ce succès, les Romains résolurent de porter la guerre en Afrique même. En 256, une armée commandée par le consul *Regulus* franchit la mer et conquit une partie du territoire de Carthage. Les Carthaginois demandèrent la paix, mais les exigences de Regulus furent telles qu'ils préférèrent continuer la lutte. Un habile homme de guerre, le Lacédémonien *Xantippe*, mis à la tête de l'armée carthaginoise, réussit à battre Regulus et à le faire prisonnier (255).

Photo Anderson

COLONNE ROSTRALE.
Musée du Capitole.

Pour rappeler la victoire navale de Duilius, les Romains élevèrent une colonne ornée d'éperons de vaisseaux, — en latin rostra. *Les candélabres de la place de la Concorde à Paris imitent cette* colonne rostrale.

Plus tard on raconta que Régulus s'était conduit en héros : « Ayant été pris par les Carthaginois et envoyé à Rome pour l'échange des prisonniers, il fit serment de revenir. D'abord, en arrivant à Rome, il conseilla au Sénat de ne point rendre les prisonniers ; ensuite, malgré les instances de ses parents et de ses amis qui voulaient le retenir, il aima mieux retourner au supplice, que de trahir la foi donnée à l'ennemi. » Il fut en effet supplicié, « ce Regulus à qui les Carthaginois firent couper les paupières, qu'ils firent lier dans une machine hérissée de pointes de fer, et mourir par insomnie ». (CICÉRON, *Traité des devoirs*, liv. I ; et *Discours contre Pison*, trad. Panckoucke.)

FIN DE LA GUERRE

Après ce désastre, la lutte fut reportée en Sicile et dura encore treize ans, avec des alternatives de succès et de revers pour les deux partis. Sur mer, les flottes puniques reprirent l'avantage. Sur terre, les Romains furent tenus en échec par ***Hamilcar Barca***. Campé au nord-ouest de l'île sur les hauteurs fortifiées du *mont Ercté* et du *mont Eryx*, celui-ci mena contre les

Photo Alinari.

LE MONT ERYX.

De cette butte escarpée qui domine la ville de Drepanum — aujourd'hui Trapani — Hamilcar Barca fit une position fortifiée d'où il repoussa tous les assauts des Romains.

Romains une guerre de harcèlement qui leur causa de lourdes pertes. Mais, en 242, Rome fit un vigoureux effort; elle équipa une grande flotte qui fut victorieuse près des **îles Ægates**. Carthage, fatiguée de la guerre, se résigna à traiter.

La paix fut conclue en 241, au profit de Rome qui gardait la Sicile et recevait en outre une forte indemnité de guerre.

II

ROME ET CARTHAGE APRÈS LA PREMIÈRE GUERRE PUNIQUE

LA TRÊVE

Cette paix ne fut en réalité qu'une trêve de vingt-trois ans (241-218), pendant laquelle les deux puissances rivales ne cessèrent de s'accroître et de se surveiller jalousement. Rome s'empara de la *Corse*, de la *Sardaigne*, de l'*Illyrie* et de la *Gaule cisalpine*. Carthage, après avoir écrasé la terrible *révolte des mercenaires*, entreprit la conquête de *l'Espagne*.

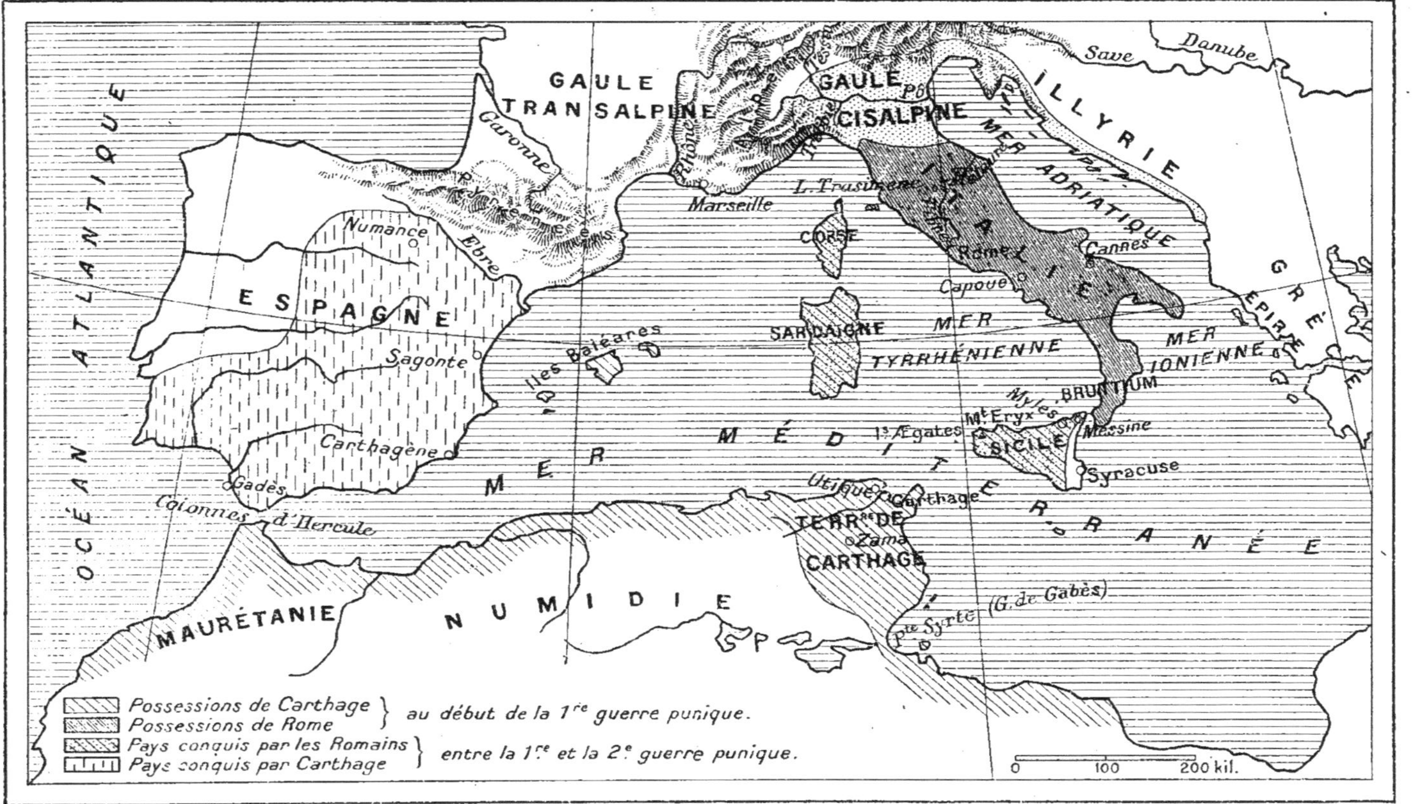

Possessions de Rome et de Carthage.

CONQUÊTES DE ROME

Rome était devenue une *puissance maritime*. Elle en profita pour étendre sa domination sur la mer Tyrrhénienne et sur la mer Adriatique. Dans la mer Tyrrhénienne, elle occupa la *Corse* et la *Sardaigne*, à la faveur de la révolte des mercenaires carthaginois. Carthage protesta, puis, menacée de la guerre, préféra céder. Dans la mer Adriatique, les Romains firent la guerre aux pirates *Illyriens* et prirent sous leur protection les cités grecques de la côte d'Illyrie.

Cependant au nord la situation redevenait menaçante. De nouvelles bandes gauloises avaient débouché dans la plaine du Pô et réussi à entraîner contre Rome les *Gaulois cisalpins*. L'alarme fut vive à Rome : on proclama le « tumulte » et on procéda dans toute l'Italie à des levées en masse qui donnèrent plus de 700 000 hommes. Les Gaulois qui avaient franchi l'Apennin furent écrasés à la bataille du cap *Télamon* (225). Mais les Romains ne se contentèrent pas de cette victoire : ils pénétrèrent dans la Gaule cisalpine et, après de rudes campagnes, la soumirent tout entière (224-218). Là, comme en Italie, ils fondèrent aussitôt des colonies pour consolider leur domination.

CARTHAGE ET LA GUERRE INEXPIABLE

Carthage, au lendemain du traité de paix, avait traversé une crise terrible : la *révolte des mercenaires*. L'armée rappelée de Sicile réclama sa solde depuis longtemps impayée, et, comme l'argent manquait dans le Trésor, elle se révolta et marcha sur Carthage. La guerre fut menée avec une telle atrocité de part et d'autre qu'on l'a surnommée la *guerre inexpiable*. Hamilcar Barca réussit enfin à exterminer les révoltés (238).

Les mercenaires commencèrent par faire périr leur ancien général *Giscon*. « Quant à Giscon et aux autres prisonniers, qui montaient à sept cents, on les conduisit hors du retranchement; et quand ils furent arrivés à peu de distance du camp on leur coupa les mains, on leur brisa les jambes et on les jeta encore palpitants dans une fosse. » Puis les révoltés décidèrent « de tuer tout Carthaginois fait prisonnier et de ne renvoyer tout allié de Carthage qu'après lui avoir coupé les mains. Jamais ensuite ils n'y manquèrent. » De son côté, Hamilcar « prit pour règle de tuer sur-le-champ tout ennemi qui lui tomberait entre les mains au milieu de la mêlée; et tous les captifs qu'on lui amenait, il les jetait aux bêtes. Car il voyait bien que le seul moyen d'en finir était une guerre d'extermination. » Finalement, Hamilcar put enfermer une partie des mercenaires dans le *défilé de la Hache*. « Il les réduisit à de telles extrémités que, n'osant pas risquer la bataille et ne pouvant fuir, ils furent en proie aux horreurs de la famine et finirent par se manger les uns les autres. » (POLYBE, *Histoire*, liv. I, trad. Bouchot, Delahays éd.)

LES BARCA EN ESPAGNE

Hamilcar estimait qu'une nouvelle guerre contre Rome était inévitable. Il voulait restaurer la puissance militaire de Carthage. Ce fut une des raisons pour lesquelles il entreprit la *conquête de l'Espagne*, d'où l'on pouvait tirer non seulement de l'argent, du cuivre et du fer, mais de bons soldats.

Photo Hachette.

UNE ESPAGNOLE.
Musée du Louvre.

Ce buste en grès colorié, connu sous le nom de la dame d'Elché, *a été trouvé en Espagne et date du* v[e] *ou du* IVe *siècle av. J.-C. Il montre que la civilisation avait pénétré en Espagne bien avant les guerres puniques et que les Espagnoles, dès cette époque ancienne, avaient le goût des parures originales et compliquées. La dame d'Elché — qui est peut-être une prêtresse — porte trois riches colliers; le visage est encadré de larges disques garnis de pendeloques.*

En quelques années, l'Espagne fut soumise jusqu'à l'Èbre. Hamilcar en fit un véritable royaume carthaginois dont il fut le chef. A sa mort (229), son gendre *Hasdrubal* lui succéda; il fonda une capitale qu'il appela la nouvelle Carthage, *Carthagène*. L'Espagne semblait devenue un fief de la famille des Barca; mais les sénateurs carthaginois, qui recevaient d'ailleurs une part du butin, étaient trop heureux de voir cette famille ambitieuse éloignée de Carthage. Par contre, Rome commençait à s'inquiéter : elle obtint d'Hasdrubal qu'il s'engageât à ne pas franchir l'Èbre; puis elle signa un traité avec la ville de *Sagonte*, qui, bien que située au sud de l'Èbre, ne voulait pas se soumettre à la domination carthaginoise.

Hasdrubal fut tué en 221. Il eut pour successeur le fils d'Hamilcar, ***Hannibal***. La seconde guerre punique allait commencer.

CHAPITRE IX

HANNIBAL. – LA SECONDE GUERRE PUNIQUE

La seconde guerre punique dura dix-sept ans (218-201). Ce fut un terrible duel entre Hannibal et Rome.

Hannibal était un grand capitaine. Il franchit les Pyrénées et les Alpes, envahit l'Italie et écrasa les armées romaines aux batailles de la Trebbie (218), du lac Trasimène (217), et de Cannes (216).

Rome fut sauvée par sa ténacité, la fidélité de ses alliés, la tactique prudente de ses généraux. Elle reprit l'avantage, et Scipion, portant la guerre en Afrique, réussit enfin à vaincre Hannibal à Zama (202).

De ce long duel, Carthage sortait ruinée, réduite à l'état de vassale. Rome triomphante, maîtresse de l'Italie et de l'Espagne, était devenue la plus grande puissance méditerranéenne.

HANNIBAL SES DÉBUTS

Né en 247, Hannibal avait été élevé par son père, Hamilcar, dans la haine de Rome : à neuf ans, disait-on, il avait juré d'être un jour le vengeur de Carthage. A l'âge de vingt-trois ans, il vint en Espagne où il servit quelques années sous les ordres d'Hasdrubal. En peu de temps, il conquit l'affection et l'admiration de toute l'armée.

« Jamais esprit plus souple ne sut mieux réunir les qualités les plus opposées, la science d'obéir et celle de commander. Aussi eût-il été difficile de dire à qui il était le plus cher, à l'armée ou au général. Hasdrubal ne cherchait jamais d'autre chef quand il fallait agir avec vigueur et audace; avec personne les soldats n'étaient ni plus confiants ni plus hardis. Plein d'audace pour affronter le danger, il était plein de sang-froid dans le danger même. Nul travail ne fatiguait son corps ni n'abattait son esprit. Il supportait également le froid et le chaud. Pour le boire et le manger, il consultait ses besoins et non le plaisir

Pour veiller et pour dormir, il ne faisait aucune différence entre le jour et la nuit. Le temps que lui laissaient les affaires il le donnait au sommeil... Souvent on le vit, couvert d'une casaque de soldat, étendu sur la terre au milieu des sentinelles et des postes. Il était de beaucoup le meilleur cavalier et le meilleur fantassin. Marchant le premier au combat, il en revenait le dernier. » (TITE LIVE, liv. XXI, trad. Gaucher.)

HANNIBAL (?) (247-183).

Buste en marbre. — Musée de Naples.

On ne possède aucune effigie authentique d'Hannibal et ce buste du musée de Naples n'a peut-être d'Hannibal que le nom. Le visage, encadré d'une courte barbe, est d'ailleurs expressif; la bouche semble prête à lancer quelque sarcasme.

HANNIBAL CHEF D'ARMÉE

En 221, quand Hannibal devint chef de l'armée d'Espagne, il n'avait que vingt-six ans. Mais, comme plus tard César et Napoléon, il exerçait sur ses troupes un tel ascendant qu'elles étaient prêtes à le suivre partout, à faire sans murmurer tout ce qu'il exigerait d'elles.

« Pendant seize ans de suite qu'il lutta en Italie, dit Polybe, il ne donna jamais congé à ses troupes; mais il les tint sous la main et les conserva sans qu'elles remuassent entre elles ou contre lui; et cette armée cependant ne se composait pas seulement des peuplades diverses d'un même pays, mais d'hommes de nations tout à fait différentes. » (POLYBE, liv. XI, trad. Bouchot, Delahays éd.)

Hannibal avait à un degré supérieur toutes les qualités qui font les grands capitaines, et les Romains eux-mêmes ont dû rendre hommage à son génie. A la fois audacieux et prudent, ne perdant jamais courage, même devant les plus terribles obstacles ou dans les situations les plus critiques, toujours maître de lui, il savait attirer l'ennemi sur le champ de bataille qu'il avait choisi et prendre pendant le combat ces décisions rapides qui décident du succès. Au reste, dénué de scrupules et, quand il le fallait, de bonne foi, il avait recours à tous les stratagèmes. Tantôt il fabriquait de fausses dépêches et s'arrangeait pour qu'elles fussent interceptées par l'ennemi ; tantôt il déguisait ses hommes en soldats romains et les envoyait porter des ordres en latin. Aussi rusé que Philippe, aussi hardi qu'Alexandre Hannibal fut sans doute le plus grand homme de guerre de l'Antiquité, et peut-être, avec Napoléon, de tous les temps.

ORIGINE DE LA SECONDE GUERRE PUNIQUE

La seconde guerre punique a été voulue par Hannibal. Celui-ci n'hésita pas à provoquer Rome en attaquant la ville de *Sagonte* qui avait obtenu l'alliance romaine. Sagonte fut prise après un long siège de huit mois. Cependant Rome, relevant le défi, avait envoyé une ambassade à Carthage exiger qu'on lui livrât Hannibal. Malgré la faction pacifique dont le chef était *Hannon*. Carthage refusa et Rome lui déclara la guerre.

La discussion se prolongeait sans aboutir : « Alors l'ambassadeur romain faisant un pli à sa toge : Je porte ici la paix ou la guerre, choisissez. — Choisissez vous-même! lui est-il répondu avec une égale fierté. — La guerre! reprend Fabius en secouant sa toge. — Nous l'acceptons. s'écrient tous les Carthaginois, et nous saurons la soutenir comme nous l'avons acceptée. » (TITE LIVE, liv. XXI, trad. Gaucher.)

LE PLAN ET L'ARMÉE D'HANNIBAL

Hannibal avait conçu un plan hardi et ingénieux. Il était résolu à prendre l'offensive et à *porter la guerre en Italie même*. Il espérait qu'à son appel, les Gaulois et les Italiens se soulèveraient contre Rome et qu'il pourrait remettre l'Italie dans l'état où elle était vers le milieu du quatrième siècle. Affranchir tous les peuples de l'Italie, n'était-ce pas le meilleur moyen de ruiner la puissance romaine.

Pour atteindre l'Italie, Hannibal préféra éviter les risques d'une bataille navale et d'un débarquement. Il choisit la voie de terre, bien qu'elle fût longue et difficile, mais il était plus sûr de son armée que de sa flotte.

Il n'emmenait avec lui que de vieilles troupes, rompues à la guerre, d'une endurance et d'une fidélité absolues, 80000 fantassins et 12000 cavaliers, Espagnols ou Berbères de l'Afrique du Nord, fortement encadrés par des officiers carthaginois. Les *Numides*, qui montaient sans bride et sans selle, formaient une cavalerie incomparable, merveilleusement entraînée soit à faire le service d'éclaireurs, soit à charger en masse pendant la bataille. Les frondeurs des îles Baléares et les Africains armés de l'arc formaient l'infanterie légère destinée à engager le combat à longue distance. Enfin l'armée comptait 37 éléphants de guerre, conduits par des nègres de Nubie et dressés soit à servir de rempart aux autres troupes, soit à enfoncer les rangs ennemis, soit à rompre le courant des rivières pour en faciliter le passage.

LE PASSAGE DES ALPES

Au printemps de l'année 218, Hannibal partit de Carthagène. Tantôt négociant avec les indigènes, tantôt combattant, il franchit l'Èbre, les Pyrénées, le Rhône. Au mois d'octobre, il s'engagea dans les hautes vallées des Alpes de Savoie. Là, au milieu de populations hostiles, dans les montagnes couvertes de neiges et de glaciers, bordées de précipices vertigineux, l'armée carthaginoise éprouva des souffrances terribles. Soit par le petit Saint-Bernard, soit par le mont Cenis, elle réussit cependant à déboucher dans les plaines de la Gaule cisalpine. Mais elle était réduite à 20 000 fantassins, 6000 cavaliers, et il ne lui restait plus que quelques éléphants.

« La descente fut bien plus difficile encore que l'ascension, car la pente des Alpes, moins longue du côté de l'Italie, est, par cela même, plus raide. Le chemin presque tout entier était à pic, étroit, glissant; nul moyen d'éviter une chute: et, pour peu que le pied glissât, on ne pouvait s'arrêter après être tombé... Vainement essayait-on de se relever à l'aide des genoux et des mains; genoux et mains glissaient de même, et l'on retombait encore. Nulle part une souche, une racine, où la main pût s'accrocher et le pied se retenir : on ne pouvait que rouler sur cette glace unie et dans cette neige fondue. » (TITE LIVE, liv. XXI, trad. Gaucher.)

LE TESSIN ET LA TREBBIE

Dès le début de la guerre, le consul *Scipion* s'était dirigé vers l'Espagne. Il atteignait Marseille quand Hannibal franchit le Rhône. Il revint aussitôt sur ses pas, atteignit les Carthaginois sur les bords du *Tessin*, affluent de gauche du Pô, les attaqua et fut vaincu. Là, comme dans les batailles suivantes, la cavalerie numide fit merveille; les Romains, médiocres cavaliers, se montrèrent incapables de lui tenir tête.

Après sa défaite, Scipion avait rejoint l'armée de l'autre consul, *Sempronius*, tandis qu'Hannibal franchissait le fleuve. Une nouvelle bataille s'engagea sur les bords de la ***Trebbie***, affluent de droite du Pô : attaquée de face par les éléphants, tournée par la cavalerie numide, l'armée romaine fut complètement écrasée (décembre 218).

Le résultat le plus important de ces deux victoires fut la *défection de 20 000 Gaulois cisalpins* qui vinrent renforcer l'armée d'Hannibal.

LE LAC TRASIMÈNE

Au printemps de l'année 217, Hannibal envahit l'Etrurie, après avoir franchi l'Apennin et traversé une région de marais où il perdit beaucoup d'hommes et de chevaux — lui-même contracta une ophtalmie qui le rendit borgne —. Par d'habiles manœuvres, il attira l'armée du consul *Flaminius* dans un passage étroit entre le ***lac Trasimène*** et des collines boisées où les Carthaginois étaient cachés. Les Romains, surpris et encerclés en plein brouillard, furent exterminés : 15000 soldats périrent, la plupart avant même d'avoir pu se ranger en ordre de bataille.

CANNES

La route de Rome semblait ouverte et les Romains firent en toute hâte des préparatifs de défense. Mais Hannibal ne marcha pas sur Rome, sans doute parce qu'il n'avait pas de matériel de siège. Il descendit vers le sud, et passa en Apulie, se présentant aux Italiens comme un libérateur qui voulait seulement les affranchir du joug de Rome. Plus méfiants que les Gaulois, les Italiens ne bougèrent pas. A Rome cependant on avait levé de nouvelles armées et donné la dictature à *Fabius* : prudemment, au lieu d'attaquer Hannibal en bataille rangée, Fabius entreprit de le harceler et de l'affaiblir par une guerre d'embuscades, ce qui lui valut le surnom de *Cunctator — le Temporiseur —*.

A la longue, les Romains et surtout leurs alliés s'impatientèrent de voir leur pays ravagé. Les consuls de l'année 216, *Varron* et *Paul Émile,* reçurent l'ordre d'attaquer.

La bataille s'engagea le 2 août 216 dans la plaine poudreuse et ensoleillée de ***Cannes*** en Apulie. Les Romains avaient plus

CHAMP DE BATAILLE DE CANNES.

*La plaine de Cannes en Apulie est proche de la mer Adriatique qu'on aperçoit au fond. Elle est traversée par un petit fleuve, l'*Aufidus, *que l'on voit ici serpenter. Cette plaine était très favorable aux manœuvres de la cavalerie d'Hannibal.*

de fantassins et moins de cavaliers que leurs ennemis. Ils avaient placé leurs meilleures troupes au centre; Hannibal au contraire avait fortifié ses ailes. L'infanterie romaine fit brèche dans le centre carthaginois et s'avança imprudemment : alors les deux ailes se rabattirent, la prirent comme dans un étau et en firent un effroyable massacre. Sur 50000 Romains 25000 furent tués — dont le consul Paul Émile — et 10000 faits prisonniers.

« Hannibal, après la victoire, était entouré de tous ses officiers. En le félicitant, ils lui conseillaient de donner le reste du jour et la nuit suivante au repos... Seul Maharbal, commandant de la cavalerie, était d'avis qu'il n'y avait pas un instant à perdre : « Pour que le combat donne tous ses résultats, disait-il, il faut que dans cinq jours tu soupes vainqueur au Capitole. Suis-moi : je te précéderai avec la cavalerie, et l'ennemi saura que nous sommes dans Rome avant d'avoir appris que nous y venions. » Un tel résultat parut à Hannibal trop grand et trop beau; il répondit à Maharbal que son conseil demandait qu'on y réfléchît mûrement. Alors Maharbal : « Les dieux n'ont pas tout donné au même homme; tu sais vaincre, Hannibal, mais tu ne sais pas profiter de la victoire ». (TITE LIVE, liv. XXII, trad. Gaucher.)

CONSÉQUENCES DE LA BATAILLE DE CANNES

Rome semblait perdue. Pour la première fois, quelques-uns de ses alliés italiens la trahirent, surtout dans l'Apulie, le Bruttium et la Campanie où *Capoue* ouvrit ses portes à Hannibal. En Sicile, Syracuse passa au parti de Carthage. Le roi Philippe V de Macédoine, que l'intervention romaine en Illyrie avait inquiété conclut une alliance avec Hannibal.

Le patriotisme des Romains, leur inébranlable ténacité eurent raison d'un si grand péril. Devant le danger, tous s'unirent étroitement. Quand Varron revint de Cannes, le Sénat se porta au devant de lui et le remercia « de n'avoir pas désespéré de la République ». On refit en hâte une armée, on enrôla même des esclaves, on augmenta es impôts. Rome dut aussi son salut à la fidélité des Latins et des peuples de l'Italie centrale. Enfin les postes fortifiés, les colonies dont était parsemée toute l'Italie, arrêtaient à chaque pas Hannibal et rendaient infructueuses ses campagnes.

ROME REPREND L'AVANTAGE

Bientôt Rome fut en mesure de faire face à tous ses adversaires et de leur porter les coups les plus rudes. Contre Hannibal, elle reprit la tactique prudente de Fabius, la « guerre d'usure » : sans cesse traqué par les détachements de *Fabius* et de *Marcellus*, Hannibal ne remporta plus que des succès de détail et s'épuisa dans une guerre de guérillas. La ville de Capoue fut reconquise et durement châtiée. Contre Philippe V de Macédoine, les Romains s'allièrent à la ligne étolienne et à Sparte, ce qui l'obligea à faire la guerre en Grèce. Eux-mêmes portèrent leur principal effort en Sicile et en Espagne.

Dès 213, le consul Marcellus investit *Syracuse*. Le siège fut long et difficile. Il y avait à Syracuse un grand savant nommé *Archimède* qui inventa d'ingénieux moyens de défense, des miroirs qui faisaient converger les rayons du soleil sur les navires ennemis et les incendiaient, des grues qui soulevaient les vaisseaux et les laissaient retomber pour les broyer ou les submerger. Les Romains cependant réussirent à entrer dans la ville par surprise (212).

En Espagne, les Romains avaient envoyé une armée, dès le début de la guerre, sous le commandement des deux frères *Scipion*. Ceux-ci remportèrent d'abord quelques succès sur *Hasdrubal*, frère d'Hannibal ; mais, en 211, ils furent vaincus et tués. Le peuple leur donna pour successeur le fils de l'un d'eux, ***Publius Cornelius Scipion***, âgé de vingt-quatre ans seulement, mais qui reçut à titre extraordinaire les pouvoirs de proconsul. Le jeune homme se montra digne de cette mesure d'exception. Il s'empara de Carthagène et sut très habilement se concilier les Espagnols par sa générosité. Cependant il ne put empêcher Hasdrubal de franchir les Pyrénées pour rejoindre Hannibal en Italie (207).

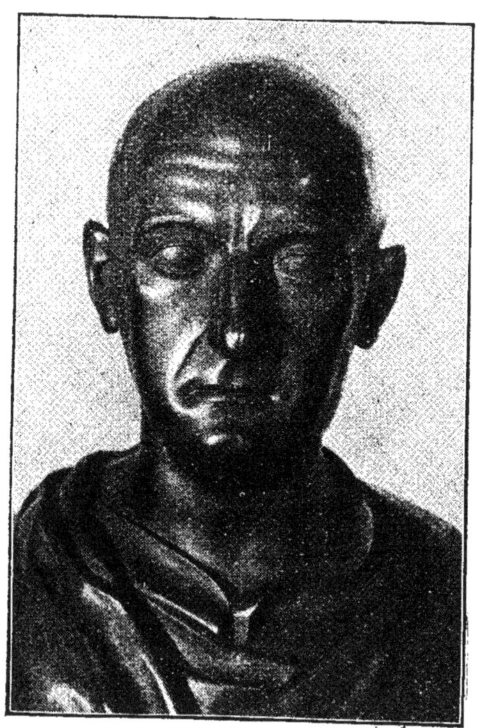

Photo Hachette.

Scipion l'Africain (235-183).
Musée du Louvre.

On croit reconnaître dans ce buste le vainqueur d'Hannibal. Il est le premier Romain illustre dont on possède le portrait : il y a de l'énergie, mais aussi de la froideur et de la dureté dans ce visage rasé aux lèvres minces et au front chauve.

BATAILLE DU MÉTAURE

En cette année 207, Rome se trouva de nouveau dans une situation critique, étant menacée au nord par Hasdrubal, au sud par Hannibal. A tout prix il fallait empêcher les deux frères de se rejoindre. Le consul *Claudius Nero* y parvint, grâce à une manœuvre hardie. Ne laissant qu'un rideau de troupes devant Hannibal, il rejoignit à marches forcées son collègue *Marcus Livius* qui s'était porté au-devant d'Hasdrubal : attaqué par les deux consuls réunis sur les bords du fleuve ***Métaure***, au sud du Rubicon, Hasdrubal fut vaincu et tué. Claudius Nero revint alors dans ses lignes, et fit jeter dans le camp d'Hannibal la tête de son frère. C'est ainsi que le chef carthaginois apprit la ruine de son dernier espoir : « Je reconnais bien là, dit-il, la fortune de Carthage ! » *Désormais la partie était gagnée pour Rome, en Italie comme en Espagne.*

SCIPION EN AFRIQUE

La guerre se poursuivit encore deux ans dans les montagnes du Bruttium où Hannibal s'était retranché comme dans une forteresse naturelle. Alors Scipion, que ses succès en Espagne avaient rendu populaire et qui venait d'être élu consul, proposa pour en finir *une expédition contre Carthage*. Le souvenir de Regulus fit hésiter longtemps le Sénat, il se décida enfin à accorder l'autorisation demandée et Scipion débarqua en Afrique (204).

Il s'y trouva d'abord dans une situation difficile, car en Numidie — l'Algérie actuelle — le roi *Syphax*, sur l'appui duquel il avait compté, était redevenu l'allié de Carthage. Mais l'année suivante Syphax fut battu et pris par son rival *Massinissa*, allié des Romains. Dès lors Scipion eut l'appui précieux de la cavalerie numide et il contraignit Carthage à demander la paix.

BATAILLE DE ZAMA

Pendant les pourparlers, Hannibal avait été rappelé d'Italie. Avant son départ, il fit massacrer impitoyablement tous les soldats italiens qui refusèrent de le suivre. Dès qu'il fut en Afrique, les Carthaginois reprirent confiance et rompirent l'armistice.

La bataille décisive s'engagea en 202 à **Zama**, dans la Tunisie centrale. Cette fois la supériorité de la cavalerie était du côté des Romains et Hannibal n'avait plus ses vieilles troupes d'Espagne : comme il s'y attendait lui-même, il fut vaincu par Scipion.

LA PAIX

Carthage dut signer la paix, à des conditions beaucoup plus dures que celles qui lui avaient été offertes auparavant (201).

Voici quelles furent ces conditions : « Les Carthaginois vivraient libres et d'après leurs lois. Les villes, le territoire, les frontières qu'ils avaient avant la guerre [en Tunisie], ils les conserveraient... Ils rendraient tous les transfuges, esclaves ou prisonniers, livreraient tous les vaisseaux de guerre à l'exception de dix trirèmes et tous les éléphants déjà domptés sans pouvoir désormais en dompter d'autres. Ils ne feraient la guerre ni dans l'Afrique, ni au dehors, sans l'autorisation du peuple romain... Ils paieraient en cinquante ans 10 000 talents [près de 60 millions de francs-or]. » (Tite Live, liv. XXX, trad. Gaucher.)

Hannibal lui-même conseilla d'accepter ces conditions : « Offrez des sacrifices aux dieux, dit-il, et priez-les de faire en sorte que le peuple romain ratifie le traité qu'on vous propose. » Réduite à ses possessions de Tunisie, désormais sans flotte de guerre, jalousement surveillée par Massinissa qui avait reçu le titre d'allié du peuple romain, *Carthage cessait d'être une grande puissance pour tomber au rang d'État vassal.*

CONSÉQUENCES DE LA VICTOIRE DE ROME

Rome devenait au contraire la plus grande puissance du monde antique. Maîtresse de l'Italie où son autorité s'était affermie par l'épreuve, maîtresse de la Sicile, de la Sardaigne, d'une grande partie de l'Espagne, suzeraine de Carthage et des Numides, *elle*

Photo Hachette.

MONNAIE DE CARTHAGE.
Bibliothèque Nationale. Cabinet des Médailles.

Effigie de la déesse des moissons, Déméter. Au revers, Pégase, le cheval ailé. On remarquera que cette monnaie carthaginoise, certainement exécutée par un artiste grec, emprunte ses motifs à la mythologie grecque.

dominait complètement la Méditerranée occidentale. Et déjà son influence s'étendait à l'Est : elle avait des alliés en Grèce; le roi de Macédoine avait traité avec elle dès 205: le roi d'Égypte lui était favorable.

Mais de cette longue crise, Rome sortait profondément transformée.

Tout d'abord elle avait subi de *terribles pertes en hommes* : pendant la seconde guerre punique, près de 50000 citoyens romains avaient péri. La classe moyenne des petits propriétaires, dans laquelle se recrutaient surtout les légions, était la plus atteinte. Elle l'était aussi dans ses intérêts, car dans l'Italie ravagée, d'immenses étendues étaient devenues incultes.

D'autre part, on avait vu apparaître un *esprit nouveau* dans les mœurs et dans la vie politique. *Le respect des lois commence à s'effacer devant l'admiration pour les généraux vainqueurs* : Scipion a été élu consul avant l'âge réglementaire; au lendemain de Zama, il a reçu des honneurs extraordinaires, on lui a décerné le surnom d' « Africain » et offert la dictature à vie. *Rome prend goût aux conquêtes et aux richesses* : les territoires enlevés, à Carthage la Sicile, la Sardaigne, l'Espagne, sont devenus non pas des pays alliés, mais des *provinces romaines*, c'est-à-dire des territoires qui appartiennent à Rome et qu'elle peut exploiter à son gré. *La vieille religion elle-même a perdu de son prestige*; les auspices ne sont plus respectés : un consul n'a-t-il pas osé jeter à la mer les poulets sacrés qui refusaient de manger; en 204, au moment où Scipion s'embarque pour l'Afrique, le Sénat introduit officiellement à Rome le culte de *Cybèle*, déesse d'Asie Mineure; par la Sicile et l'Italie du sud, les *idées grecques*, le goût de la philosophie, des lettres et des arts, se répandent dans la société romaine.

Ainsi les deux premières guerres puniques[1] *ont une importance capitale dans l'histoire de Rome. Elles inaugurent la période des grandes conquêtes. Elles marquent aussi le début des transformations morales, politiques et sociales qui aboutiront à la chute de la République.*

1. La 3e guerre punique sera étudiée dans le chapitre XIII. *Conquête du bassin de la Méditerranée.*

ÉLÉPHANT DE COMBAT.
D'après une pierre gravée.
Bibliothèque Nationale. Cabinet des Médailles.

CHAPITRE X

GOUVERNEMENT DE LA RÉPUBLIQUE ROMAINE
LES COMICES, LES MAGISTRATS, LE SÉNAT

Après la fin de la lutte des ordres, pendant cent cinquante ans environ, Rome a joui de la paix intérieure et le gouvernement républicain a fonctionné régulièrement.

En théorie, le peuple est souverain. Tous les citoyens romains, réunis en Comices, ont le droit de voter les lois et d'élire les magistrats. En fait, les riches sont favorisés : la République romaine est aristocratique.

Les principaux magistrats, consuls, préteurs et censeurs, disposent de grands pouvoirs. Mais ils ne sont élus que pour un temps limité. C'est le Sénat, composé d'anciens magistrats, qui assure la continuité de la politique romaine et qui dirige la République.

LE GOUVERNEMENT RÉPUBLICAIN

Depuis la fin de la lutte des ordres jusqu'à la période des grandes conquêtes, soit depuis 300 environ jusqu'à 133, Rome connut une période de paix intérieure. C'est alors que le gouvernement républicain fonctionna le plus régulièrement, c'est à cette époque aussi que nous le connaissons le mieux grâce à l'historien grec *Polybe* qui vécut à Rome au second siècle avant J.-C.

Le mot *République* voulait dire « la chose du peuple ». A Rome en effet, comme à Athènes, *le peuple était souverain ;* la Loi des Douze Tables affirmait : « Ce que le peuple aura ordonné en un dernier ressort sera la loi ». Mais si tous les citoyens romains avaient en théorie les mêmes droits politiques, pouvaient voter, devenir magistrats et faire partie du Sénat, en fait les riches presque seuls avaient part au pouvoir. La République romaine fut donc une république *aristocratique* dans laquelle les pauvres ne jouaient à peu près aucun rôle.

Le gouvernement républicain comprenait trois organes : les *assemblées du peuple ou Comices*, les *magistratures* et le *Sénat*.

I

LES COMICES

DROITS DES CITOYENS

Pas plus qu'à Athènes il n'y avait à Rome de députés au sens actuel du mot, c'est-à-dire de personnes choisies par le peuple pour gouverner à sa place. A Rome, comme à Athènes, les citoyens gouvernaient eux-mêmes : c'était le *gouvernement direct*.

On était *citoyen romain* lorsqu'on était fils de citoyens ou lorsqu'on avait reçu le *droit de cité romaine*. Le citoyen avait le droit de voter dans les Comices, d'être élu magistrat, et de faire appel au peuple s'il était condamné à mort. Il avait aussi le droit de propriété — acheter, vendre, faire un testament ou un héritage sous la protection de la loi — et le droit de contracter un mariage reconnu par la loi. On reconnaissait les citoyens romains à la *toge blanche* qu'ils avaient seuls le droit de porter.

Les citoyens, réunis en assemblée, formaient les *Comices*. On distinguait trois sortes de Comices : les *Comices curiates*, les *Comices centuriates* et les *Comices tributes*. En réalité les Comices curiates n'existaient plus que de nom. C'était dans les Comices centuriates et tributes que le peuple votait les lois et élisait les magistrats.

LES COMICES CENTURIATES

Dans les ***Comices centuriates*** les citoyens étaient répartis d'après leur fortune en cinq classes ; chaque classe se subdivisait en un certain nombre de centuries et chaque centurie comptait pour une voix. Or tout au début de la République, sur un total de 193 centuries, donc de 193 voix, la première classe, c'est-à-dire les riches, en avait 98, donc la majorité. Vers la fin de la première guerre punique, on essaya de rendre la répartition moins injuste, mais on laissa encore l'avantage aux riches, comme le montre le tableau suivant :

1re classe	18 centuries de cavaliers.	
	70 centuries de fantassins.	
2e classe	70	—
3e classe	70	—
4e classe	70	—
5e classe	70	—
Menuisiers, forgerons et musiciens	4	—
Prolétaires	1	—
Total	373 centuries.	

On voit que tous les prolétaires, c'est-à-dire les citoyens les plus pauvres, ne formaient qu'une centurie et n'avaient donc qu'une voix, tandis que les riches de la première classe en avaient quatre-vingt-huit. Or, à Rome, on commençait le vote par la premiere classe et on s'arrêtait dès que la majorité était acquise : il s'ensuit que la plupart du temps on ne descendait pas au-dessous de la troisième classe et que les moins riches ne votaient jamais.

LES COMICES TRIBUTES

Dans les ***Comices tributes*** où les citoyens, riches et pauvres, étaient groupés en tribus d'après leur domicile, et où chaque tribu comptait pour une voix, il semble que tous les citoyens auraient dû être égaux. Il n'en était rien : sur un total de 35 tribus, il y en avait quatre où l'on devait ranger ceux qui habitaient la ville — c'étaient les *tribus urbaines* —, et trente et une où l'on devait ranger ceux qui habitaient la campagne — c'étaient les *tribus rustiques* — ; mais les riches se faisaient tous inscrire dans les tribus rustiques et disposaient ainsi de trente et une voix, tandis que les affranchis et les pauvres n'en avaient que quatre.

Ainsi dans les deux assemblées les pauvres étaient sacrifiés et la majorité était assurée aux riches.

LIEU DE RÉUNION DES COMICES

On a vu qu'au début de la République les Comices centuriates n'étaient rien autre chose que l'armée convoquée pour voter les lois et élire les magistrats. Comme il était interdit aux troupes en armes de pénétrer dans l'intérieur de Rome, les Comices centuriates se réunissaient en dehors du *Pomœrium*, sur le Champ de Mars. Pendant ce temps, deux drapeaux flottaient : l'un sur le Capitole, l'autre sur le Janicule : si l'ennemi approchait, on les retirait et

Photo Anderson.

LA TRIBUNE AUX HARANGUES.

Bas-relief de l'arc de Constantin à Rome.

La tribune d'où l'on parlait au peuple était également appelée les rostres, *parce qu'elle était ornée à la base d'éperons de vaisseaux,* rostra, *qui ne sont pas représentés ici. C'était une grande plate-forme élevée d'environ trois mètres au-dessus de la place : elle était entourée d'une balustrade, sauf au milieu, à l'endroit où se tenait l'orateur. A droite et à gauche, statues assises.*

aussitôt le vote devait cesser et l'armée se préparer au combat. Même plus tard, quand les Comices centuriates n'eurent plus rien de commun avec l'armée, ce cérémonial fut toujours conservé.

Les Comices tributes se réunissaient au Forum quand il s'agissait de voter les lois et au Champ de Mars quand il s'agissait d'élire les magistrats.

L'Assemblée pouvait toujours être dissoute pendant le vote s'il apparaissait des présages défavorables, par exemple s'il éclatait un orage, si l'on entendait le tonnerre ou si l'un des assistants était pris d'une attaque d'épilepsie.

LE VOTE D'UNE LOI

En théorie, les lois étaient votées indifféremment par les Comices centuriates ou les Comices tributes; cependant on prit de plus en plus l'habitude de faire voter les lois par ces dernières.

Le projet de loi sur lequel devaient voter les Comices était affiché environ vingt jours à l'avance, de façon que le magistrat qui l'avait rédigé pût organiser des réunions et expliquer au peuple les avantages de la loi qu'il proposait. Quand arrivait le jour du vote, ce même magistrat présidait l'assemblée. Il prenait les auspices et, s'ils étaient favorables, le vote commençait.

Les citoyens de chaque centurie ou de chaque tribu étaient enfermés dans un espace enclos de barrières qui communiquait par un passage étroit — le pont — avec un espace libre appelé le bercail. Chacun recevait deux tablettes, l'une marquée d'un A — initiale du mot latin *antiquo*, je rejette (la loi) —, l'autre de V R — initiales des mots *uti rogas*, comme tu le proposes, c'est-à-dire oui. En passant sur le pont, il en déposait une dans l'urne[1]. Chaque centurie ou chaque tribu ne comptait que pour une voix: pour savoir par exemple si une centurie acceptait ou rejetait un projet de loi, il suffisait de savoir si la majorité de ses membres avait voté oui ou avait voté non.

Photo Hachette.

LE PONT DES SUFFRAGES.

D'après une monnaie romaine. Bibliothèque Nationale. Cabinet des Médailles.

Pour voter, les citoyens franchissaient un pont où on ne pouvait passer que un à un. A gauche, on remet un bulletin au citoyen qui s'engage sur le pont; à droite un autre citoyen dépose son vote dans l'urne.

Dans les comices centuriates on commençait par tirer au sort parmi les centuries de la première classe celle qui devait voter la première : c'était la *centurie prérogative*; son vote était important parce que les Romains croyaient qu'il était inspiré par les dieux; et souvent les autres centuries ne faisaient que répéter le vote de la prérogative. On faisait voter successivement toutes les autres centuries de la première classe, puis celles de la seconde et ainsi de suite jusqu'à ce que la majorité fût acquise.

Quoique le dépouillement des votes fût souvent fort long, les opérations des Comices ne devaient jamais occuper qu'une seule journée : commencées dès l'aube, elles devaient se terminer au coucher du soleil.

1. Cette coutume du vote secret ne fut d'ailleurs appliquée que fort tard, en 131 avant J.-C.; jusque-là on faisait connaître son vote à haute voix.

II

LES MAGISTRATS

L'ÉLECTION DES MAGISTRATS

Chaque année, le peuple élisait ses magistrats. Les élections se faisaient d'ordinaire au mois de juillet et toujours au Champ de Mars. Les Comices centuriates nommaient les consuls, les préteurs, les censeurs et les édiles curules : les Comices tributes nommaient les édiles plébéiens, les questeurs et les tribuns.

La date des élections était fixée par le Sénat environ vingt jours avant le moment où se réunissaient les Comices. Pendant la période électorale, le candidat — ainsi appelé parce qu'il portait une toge blanche (*toga candida*) — se faisait connaître de ses électeurs et essayait de gagner leurs suffrages ; il se promenait sur le Forum, accompagné d'un *nomenclateur*, qui lui soufflait les noms des personnes qu'il ne connaissait pas, il les abordait, leur serrait les mains, causait avec eux de leurs affaires ; parfois même, il leur promettait toutes sortes de faveurs, distribuait de l'argent, des places de théâtre. Mais ce fut surtout après les conquêtes, au premier siècle av. J.-C., que la *corruption électorale* se développa de façon scandaleuse à Rome.

Voici quelques conseils donnés à un candidat : « Dans les diverses classes d'hommes, discerne soigneusement ce que chacun peut faire afin de savoir comment tu dois capter sa faveur et ce que tu peux en espérer et en exiger.... Occupe-toi de la ville entière, de toutes les corporations, des villages et des hameaux voisins... Autant que possible, descends au Forum à heure fixe ; on produit un grand effet lorsqu'on y apparaît tous les jours avec une escorte... Tu connais beaucoup d'individus par leur nom ; fais en sorte qu'on s'en aperçoive, et applique-toi à en allonger la liste ; rien ne contribue davantage à la popularité d'un candidat. Tu as toute la politesse qui convient à un homme bien élevé ; il faut pousser jusqu'à la flatterie.... Ce serait une inconvenance, en toute autre circonstance, de prodiguer l'offre de ton amitié ; mais si aujourd'hui tu ne la prodigues pas, et très vivement, et à beaucoup de monde, personne ne te croira candidat. »

(QUINTUS CICÉRON, d'après GUIRAUD, *Lectures Historiques*.)

Le jour du vote, le magistrat qui présidait faisait connaître au début de la séance la liste des candidats. Les citoyens, groupés comme lorsqu'il s'agissait de voter les lois, recevaient des tablettes et les déposaient dans une urne après y avoir inscrit le nom du candidat de leur choix. On dépouillait ensuite les votes, et le président proclamait les noms des élus.

CARACTÈRES GÉNÉRAUX DES MAGISTRATURES

Les magistrats romains étaient élus pour un an (sauf les censeurs). Ils ne touchaient pas de traitement et ne pouvaient être destitués, mais, après leur sortie de charge, ils pouvaient être contraints (sauf les dictateurs et les censeurs) à rendre des comptes. *Chaque magistrature, sauf la dictature, était remplie par plusieurs personnes et non par une seule* : ainsi il y avait deux consuls, deux censeurs, plusieurs tribuns, plusieurs édiles, etc. Chaque magistrat avait le droit de s'opposer aux actes de son collègue, de même qu'il pouvait toujours casser les décisions d'un magistrat inférieur.

Photo Hachette.

MONNAIE CONSULAIRE.

Bibliothèque Nationale, Cabinet des Médailles.

On aperçoit au milieu le faisceau avec la hache, à gauche un épi de blé, à droite le caducée.

Certains magistrats portaient des insignes particuliers. Les consuls, les censeurs, les préteurs et les édiles curules avaient le droit de siéger sur la chaise curule; on les appelait *magistrats curules*. En temps ordinaire, ils portaient une toge bordée d'une bande de pourpre — la *toge prétexte* —, et aux jours de fête une toge entièrement pourpre. Les consuls et les préteurs avaient seuls (avec le dictateur) l'autorité militaire : aussi étaient-ils précédés de licteurs — douze pour les premiers, six pour les seconds —.

HIÉRARCHIE DES MAGISTRATURES

Tout citoyen qui n'était pas difforme et n'avait pas été condamné par les censeurs à une peine infamante avait le droit d'être candidat à une magistrature, pourvu qu'il eût déjà servi dix ans dans l'armée, donc à partir de vingt-sept ans au plus tôt. Une loi de 180 fixait l'ordre selon lequel on pouvait briguer les magistratures [1] — questure, édilité, préture et consulat — et les conditions d'âge à remplir : 27 ans pour la questure, 31 pour l'édilité, 34 pour la préture, 37 pour le consulat. Le jour de l'entrée en charge était fixé au 1er janvier, mais les questeurs et

1. Cette hiérarchie des magistrats s'appelait en latin *cursus honorum*.

Photo Hachette

SCÈNE DE RECENSEMENT 1.

Musée du Louvre.

Le cens, qui avait lieu tous les cinq ans, était une des cérémonies les plus importantes de la vie publique à Rome. Il se tenait au Champ de Mars. On voit à gauche le greffier inscrire sur son registre la déclaration du citoyen. A droite, deux soldats montent la garde.

les tribuns entraient en fonctions au mois de décembre. A la fin de leur année de charge, les magistrats *abdiquaient,* c'est-à-dire déposaient leurs fonctions en jurant qu'ils n'avaient pas violé les lois. En principe, ils n'avaient pas le droit de se faire réélire immédiatement à la même magistrature.

LES CONSULS

Les deux ***Consuls*** avaient d'abord eu tous les pouvoirs du Roi. Malgré les démembrements successifs de la puissance consulaire, ils avaient encore une très grande autorité : on les appelait *les pères et les tuteurs de l'État.* Elus pour un an par les Comices centuriates, ils étaient installés en grande pompe au 1er janvier : ils montaient au Capitole, offraient un sacrifice à Jupiter, présidaient immédiatement une séance du Sénat au Capitole même, et étaient reconduits chez eux avec le même cérémonial qu'à l'arrivée.

A Rome, les deux consuls représentaient l'État dans les cérémonies religieuses, présidaient le Sénat et les Comices centuriates, veillaient à l'exécution des lois. En temps de guerre, ils présidaient à l'enrôlement des troupes, nommaient la plupart des officiers et commandaient l'armée.

Photo Hachette

SCÈNE DE RECENSEMENT II.
Musée du Louvre.

Ce bas-relief est la suite du précédent. Au milieu, appuyé sur la lance, se tient l'officier général qui surveille le recensement, tandis qu'à gauche deux jeunes musiciens jouent de la lyre et de la flûte et qu'à droite, un magistrat se prépare à offrir un sacrifice sur l'autel. Toute cérémonie publique se doublait en effet d'une cérémonie religieuse.

LES CENSEURS

La censure était une des plus hautes magistratures de l'État. Les deux ***Censeurs***, élus tous les cinq ans pour dix-huit mois, avaient pour première fonction de *faire le recensement* des citoyens. Ils les convoquaient au Champ de Mars, et recevaient les déclarations de chacun touchant son domicile, sa famille, sa fortune, etc. D'après ces renseignements, ils répartissaient les citoyens en tribus, classes, centuries. Ils dressaient également la *liste des sénateurs* qu'ils choisissaient parmi les anciens magistrats. Ils avaient aussi un *droit de haute surveillance sur les mœurs* et punissaient certains actes comme le parjure, le luxe exagéré, l'abandon des enfants, etc. Ils pouvaient « noter d'infamie » les coupables, les faire descendre dans une classe inférieure (et par là les priver en fait des droits politiques), rayer les sénateurs indignes.

On ne plaisantait pas avec les censeurs. Un jour « deux censeurs remarquèrent un chevalier dont le cheval était maigre et peu soigné. Pourquoi, lui dirent-ils, as-tu moins de soin de ton cheval que de toi ? » — « C'est, répliqua-t-il, parce que je me soigne moi-même, au lieu que mon cheval est soigné par Statias, un méchant esclave. » La réponse sembla irrévérencieuse et les censeurs le rejetèrent dans la dernière classe ». (AULU-GELLE, d'après GUIRAUD, *Lectures Historiques*.)

Les Censeurs avaient enfin des *attributions financières* : ils confiaient à des particuliers l'entreprise des travaux publics ou la perception de certains impôts. Lorsqu'ils avaient achevé leur travail, au bout de dix-huit mois, ils faisaient une cérémonie purificatoire, la *lustration* : le peuple était convoqué au Champ de Mars, l'un des censeurs offrait aux dieux un suovetaurile et aspergeait la foule d'eau lustrale [1].

LES PRÉTEURS

Les ***Préteurs*** étaient au début uniquement chargés de rendre la justice : longtemps il n'y en eut qu'un, le *préteur urbain*, qui jugeait les procès entre citoyens romains ; à la fin de la première guerre punique on en créa un second, le *préteur pérégrin*, qui jugeait les procès où entraient des étrangers — en latin *peregrini*. L'un et l'autre publiaient au moment d'entrer en charge un *édit*, dans lequel ils indiquaient les règles de justice qu'ils se proposaient d'appliquer.

Plus tard, on multiplia le nombre des préteurs, et ils servirent alors à remplacer les consuls dans quelques-unes de leurs fonctions, particulièrement dans le commandement des armées et le gouvernement des provinces.

QUESTEURS ET ÉDILES

Les ***Questeurs*** étaient les magistrats des finances. Deux d'entre eux restaient à Rome et veillaient à la garde du Trésor public. Les autres accompagnaient les consuls et les préteurs aux armées et dans les provinces, où ils jouaient le rôle de trésoriers payeurs.

Les ***Ediles*** étaient soit patriciens — on les appelait alors édiles curules — soit plébéiens. Ils veillaient à l'approvisionnement de Rome, à l'entretien des rues et des monuments et organisaient les spectacles publics.

LES TRIBUNS

Les dix ***Tribuns***, tous plébéiens, n'étaient pas des magistrats au sens exact du mot, quoiqu'ils eussent le droit non seulement d'être sénateurs, mais même de convoquer et de présider le Sénat. On a vu [2] qu'ils avaient

1. De là l'habitude de désigner par le mot *lustre* une période de cinq ans, puisque tous les cinq ans il y avait une nouvelle lustration.
2. Voir ci-dessus, page 40.

le privilège d'être *inviolables* et qu'à leur droit primitif d'intervention en faveur des plébéiens, ils avaient ajouté le *droit de veto*, c'est-à-dire le droit de s'opposer à toute mesure prise par un magistrat ou par le Sénat. Cependant le veto des tribuns était sans effet en dehors de Rome, et même, dans Rome, ne pouvait rien sur les actes du dictateur ou des censeurs.

LE DICTATEUR

Le ***Dictateur*** était un magistrat *extraordinaire*, nommé par le consul sur l'ordre du Sénat, lorsque l'État se trouvait dans une situation critique [1]. Il se choisissait un *maître de la cavalerie* et gouvernait en roi absolu, sauf à abdiquer dans le délai de six mois.

A partir de la fin de la deuxième guerre punique, on ne nomma plus de dictateurs. Plus tard, dans les moments critiques, le Sénat donna aux consuls eux-mêmes des pouvoirs dictatoriaux par la formule appelée *sénatus consulte suprême* : « Que les consuls veillent à ce qu'aucun malheur n'arrive à l'Etat [2] ».

LES MAGISTRATS DANS LES PROVINCES

A partir de la première guerre punique, les territoires conquis hors de l'Italie furent organisés en *provinces romaines*, c'est-à-dire qu'ils furent gouvernés par les magistrats de Rome, consuls et préteurs. Quand le nombre des provinces augmenta, comme il n'y avait pas assez de consuls et de préteurs pour les gouverner, on créa des *promagistrats* ou remplaçants (*pro* veut dire en latin *à la place de*) : ce furent les **proconsuls** et les **propréteurs**, généralement choisis par le Sénat parmi les consuls et les préteurs sortant de charge.

Proconsul ou propréteur, le gouverneur de province était investi des plus grands pouvoirs, car il incarnait la toute-puissance du peuple romain. Avant tout *chef d'armée*, il portait le manteau pourpre des généraux en campagne — le *paludamentum* — et ses licteurs avaient la hache dans leurs faisceaux. Il était aussi *juge suprême* : dès son arrivée, il faisait connaître par un *édit*, comme le préteur à Rome, les règles de justice qu'il entendait appliquer; les citoyens romains seuls pouvaient en appeler de sa sentence aux Comices centuriates à Rome. Les

1. Parfois on nommait un dictateur pour remplir une formalité religieuse, par exemple, planter un clou dans la paroi du temple de Minerve sur le Capitole pour marquer le début d'une nouvelle année après une calamité publique.
2. La formule latine était : *Caveant consules ne quid detrimenti respublica capiat.*

habitants des provinces conservaient en général le droit de s'administrer eux-mêmes, mais sous la surveillance du gouverneur romain qui pouvait toujours intervenir dans les affaires intérieures de leurs cités. Ils conservaient aussi la jouissance de leur sol qui, selon la coutume antique, était la propriété du vainqueur, mais ils devaient en échange payer de lourds impôts : le gouverneur surveillait la perception des impôts qui était affermée, c'est-à-dire louée, à des particuliers qu'on appelait *publicains*. On verra plus loin[1] que, sous ce régime, les provinces furent scandaleusement exploitées et très malheureuses.

Lorsqu'un peuple avait fait sa soumission, il livrait tout ce qu'il possédait au vainqueur, d'après la formule que cite Tite Live à propos de la ville sabine de Collatia : « Le roi (Tarquin) demanda aux envoyés : Etes-vous les députés et les représentants du peuple collatin, chargés de nous livrer vous et votre nation ? — Oui. — Le peuple collatin est-il libre de disposer de lui ? — Oui. — Livrez-vous tout, vous et peuple, ville, campagne, eaux, frontières, temples, meubles, en un mot toutes choses divines et humaines à ma domination et à celle du peuple romain ? — Oui. — Eh bien, je vous reçois. » (TITE LIVE, liv. I, trad. Gaucher.)

III

LE SÉNAT

LE SÉNAT

Tandis que les magistrats ne restaient en général qu'un an en fonction, le ***Sénat*** formait une assemblée *permanente* d'anciens magistrats expérimentés. Gardien de la tradition il jouissait de la plus haute autorité et des plus grands pouvoirs. Au moment des désastres de la seconde guerre punique, la fermeté du Sénat, son esprit de suite, sa constance, frappèrent d'admiration ses ennemis eux-mêmes, et sauvèrent Rome.

RECRUTEMENT DU SENAT

Le Sénat comprenait environ 300 membres, choisis par les censeurs. Tous les cinq ans ils rayaient de la liste — l'*album sénatorial* — les sénateurs décédés ou indignes et les remplaçaient par d'anciens magistrats. Sur l'*album*, ils inscrivaient les sénateurs suivant un certain ordre : en tête, était le plus âgé des anciens dictateurs ou des

1. Voir ci-dessous, chapitre XIV.

anciens censeurs : on l'appelait le *prince* — le premier — *du Sénat*, parce que c'est lui qui, dans les discussions, prenait le premier la parole.

Les sénateurs portaient la *tunique laticlave* ornée d'une bande de pourpre qui descendait sur la poitrine, des chaussures en cuir rouge ou noir, un anneau d'or ; ils avaient des places d'honneur aux jeux du cirque et aux représentations théâtrales.

COMPÉTENCE DU SÉNAT

En théorie, le Sénat était seulement un conseil que les magistrats convoquaient pour lui demander son avis ; il n'avait donc aucune fonction bien définie. Mais, comme il était composé des hommes les plus expérimentés de la cité, ses avis étaient toujours reçus avec beaucoup de déférence : *en fait, le Sénat dirigeait l'État.*

Le Sénat fixait la date des élections, s'entremettait comme médiateur en cas de rivalité entre deux magistrats, répartissait les provinces entre les anciens consuls ou les anciens préteurs, faisait nommer un dictateur ou investissait les consuls de pouvoirs exceptionnels. Mais il jouait surtout un grand rôle dans tout ce qui touchait aux *affaires financières*, aux *questions religieuses* et à la *politique extérieure*.

Le Sénat fixait le montant des impôts, disposait du Trésor public, votait toutes les dépenses, et se chargeait des attributions financières des censeurs quand ceux-ci avaient abdiqué.

Le Sénat décrétait les prières et les actions de grâce, ordonnait toutes les cérémonies religieuses indiquées par les prêtres, pouvait seul admettre l'introduction à Rome des cultes étrangers, surveillait les opinions religieuses des citoyens et veillait au maintien du culte national.

Enfin le Sénat recevait et envoyait des ambassadeurs, conduisait les négociations avec les pays étrangers, proposait aux Comices centuriates de voter la guerre, déterminait l'effectif des armées, proclamait, s'il y avait lieu, la levée en masse, élaborait le traité de paix, fixait la condition des vaincus, accordait ou refusait le triomphe.

UNE SÉANCE DU SÉNAT

Le Sénat se réunissait en général dans un bâtiment élevé au nord ouest du Forum, la *Curie*. Le public n'était pas admis aux séances, mais les portes de la salle restaient ouvertes. Le président, c'est-à-dire le magistrat qui avait convoqué le Sénat, s'asseyait en face de l'entrée, et les sénateurs prenaient place devant lui, sur des bancs, les uns à sa droite, les autres à sa gauche. Après avoir fait connaître la question sur laquelle il allait consulter le Sénat, le président demandait lui-même à chaque sénateur son avis en l'appelant par son nom. Il commençait par le prince du Sénat et interrogeait les sénateurs en suivant l'ordre de l'album; il était fort rare qu'il consultât tous les membres présents. Il n'y avait pas de tribune; comme aujourd'hui au Parlement anglais chaque sénateur répondait, debout, de sa place. Il pouvait parler aussi longtemps qu'il le voulait, car le président n'avait pas le droit d'enlever la parole à un sénateur.

La discussion close, on votait : tantôt on votait à mains levées ; tantôt les sénateurs allaient, selon leur opinion, se ranger les uns à la droite du président, les autres à sa gauche, et on comptait chaque groupe. Puis le président levait la séance en prononçant la formule consacrée . « Pères conscrits [1], nous ne vous retenons plus ». Quelques sénateurs rédigeaient le procès-verbal de la séance, et la décision prise par le Sénat ou *sénatus consulte* avait force de loi comme si elle avait été votée par le peuple.

L'ÉQUILIBRE DES POUVOIRS

Entre les trois pouvoirs : le *peuple*, les *magistrats* et le *Sénat*, il y avait une sorte d'équilibre.

« A considérer l'autorité des consuls, dit Polybe, il semblait qu'il y eût monarchie; celle du Sénat annonçait une aristocratie; en voyant la puissance du peuple, on croyait fermement avoir sous les yeux un État démocratique. » (POLYBE, liv. VI, trad. Bouchot.)

Cet équilibre se maintenait parce qu'aucun des trois pouvoirs ne voulait empiéter sur le domaine des deux autres. *La force de la constitution romaine reposait sur le patriotisme des citoyens, des magistrats et des sénateurs.* Plus tard quand chacun, par ambition personnelle, voulut l'emporter sur les autres et fit passer son intérêt égoïste avant l'intérêt de la patrie, la République entra dans une période de troubles et de guerres civiles qui finalement amenèrent sa chute.

1. Pour le sens de cette expression, voir ci-dessus, page 31.

CHAPITRE XI

LA FAMILLE ROMAINE

C'est par l'éducation familiale que le Romain acquiert l'esprit de discipline qui fait de lui un bon citoyen et un bon soldat.

La loi reconnaît au père de famille une autorité absolue, mais la coutume veut aussi que les plus grands égards soient témoignés à la mère de famille.

La vie familiale repose sur le culte domestique. Pour assurer la continuité de ce culte, le père qui n'a pas de fils recourt à la pratique de l'adoption.

L'AUTORITÉ PATERNELLE

La puissance de l'autorité paternelle a été longtemps, à Rome, le caractère essentiel de la vie de famille. Cette puissance est fondée sur la religion : le père de famille est le grand-prêtre de la religion domestique. Son autorité est donc sacrée, et elle est sans limites.

Ainsi, le père peut refuser d'élever ses enfants; il peut les exposer et les vendre; il peut les marier à sa guise. Il est juge suprême dans sa famille : si sa femme ou ses enfants ont commis un crime, il peut les juger et les condamner à mort. « Le mari est juge de sa femme, a dit un Romain du second siècle, Caton le Censeur; son pouvoir n'a pas de limites, il fait ce qu'il veut. Si elle a commis une faute, il la punit; si elle a bu du vin, il la condamne; si elle lui a été infidèle, il la tue. » En l'année 186 av. J.-C., le Sénat décida que tous ceux qui avaient pris part aux orgies du culte de Bacchus seraient mis à mort : les hommes furent immédiatement exécutés; pour les femmes, il fallut d'abord qu'elles fussent jugées et condamnées par les pères de famille.

Voici quelques exemples de sévérité paternelle : « Cassius avait pour fils un tribun de la plèbe qui proposa une loi favorable aux plébéiens et acquit par là une popularité qui le rendit redoutable : on l'accusa d'aspirer à la royauté. Quand il sortit de charge, son père le cita à comparaître devant le tribunal de famille, le condamna à mort, ordonna qu'il fût frappé de verges, puis mis à mort. Après quoi il consacra ses biens à Cérès... Le sénateur A. Fulvius avait un fils admirablement doué qui s'était laissé gagner à l'amitié d'un conspirateur, Catilina (en 63 av. J.-C.). Comme il se rendait au camp des rebelles, son père le fit saisir et ordonna son supplice, en disant qu'il avait engendré un fils pour qu'il servît sa patrie contre Catilina et non Catilina contre sa patrie. » (VALÈRE MAXIME, d'après GUIRAUD, *Lectures historiques*.)

LA MÈRE DE FAMILLE

Puisque le père avait un tel pouvoir, la mère de famille ou *matrone* lui était naturellement subordonnée. D'après la loi, elle était toujours *sous la tutelle* de quelqu'un : sous celle de son mari d'abord, puis, si elle restait veuve, sous celle de son fils aîné. Elle était donc considérée comme mineure.

Cependant, l'état de sujétion où elle était jadis tenue disparut peu à peu et elle devint en fait, sinon en droit, l'égale de son mari. La mère de famille était beaucoup mieux traitée à Rome qu'à Athènes. Sans doute, comme la femme athénienne, la matrone romaine doit, avant tout, gouverner la maison et diriger le travail de ses servantes : on la félicite de garder la maison et de filer la laine. Mais elle n'est pas confinée, comme à Athènes, dans les appartements réservés aux femmes : elle assiste aux repas et aux réceptions, elle paraît en public avec son mari aux cérémonies et aux jeux; elle partage les honneurs que l'on rend à son mari; elle est entourée du plus grand respect. Chacun lui cède le pas, le consul et ses licteurs eux-mêmes se rangent sur son passage. Le même Caton le Censeur, qui a défini si rigoureusement les droits du mari sur sa femme, avoue plaisamment : « Partout les hommes gouvernent les femmes, et nous, qui gouvernons le monde, ce sont les femmes qui nous gouvernent. »

LE MARIAGE

Comme en Grèce, la cérémonie du mariage consistait essentiellement à détacher la jeune fille de la religion de sa famille et à lui faire adopter celle de son mari. C'était donc une cérémonie religieuse.

Après la cérémonie des fiançailles où le jeune homme remettait à la jeune fille une bague de fer qu'elle passait au quatrième doigt de la main gauche, on fixait soigneusement la date du

LE MARIAGE.

D'après des bas-reliefs antiques.

De haut en bas : 1° *un épisode de la* cérémonie du mariage; *les deux époux offrent un sacrifice aux divinités nuptiales dont la principale est Junon que le sculpteur a représentée au milieu, derrière l'autel sur lequel brûle la flamme. A droite, derrière le mari, le dieu ailé de l'Hymen tient un rameau de myrte; un jeune garçon porte le coffret à encens. A gauche, derrière la mariée, une jeune femme et un jeune homme portant une torche, et au premier plan le petit dieu Cupidon, une flèche à la main.* — 2° le départ des mariés; *assis sur un char l'un à côté de l'autre, les deux mariés ont une couronne sur la tête; on aperçoit derrière les chevaux le dieu ailé de l'Hymen qui préside au mariage.*

mariage : en effet, certains jours de l'année, les treize premiers jours de juin, ou même certains mois comme le mois de mai étaient considérés comme funestes. La cérémonie religieuse avait lieu dans la maison de la jeune fille : les portes étaient tendues d'étoffes blanches et de guirlandes de feuillage, et toutes les chambres étaient illuminées. Entourés de leurs parents et de leurs amis, en présence du grand pontife ou du flamine de Jupiter et de dix témoins, les deux jeunes gens s'asseyaient l'un à côté de l'autre, et partageaient un gâteau de fleur de farine appelé *farreum* — d'où le nom de *confarreatio* donné au mariage. La jeune fille était vêtue d'une robe blanche, la tête couronnée de verveine et couverte d'un voile jaune couleur de safran. Lorsqu'apparaissait l'étoile du soir, la mariée était conduite solennellement à la maison de son mari. On feignait de l'arracher du seuil de sa maison natale, en commémoration de l'enlèvement des Sabines; puis, à la lueur des torches, le cortège nuptial s'avançait en chantant. Devant la jeune femme un enfant agitait une torche pour écarter les maléfices; derrière elle deux autres portaient une quenouille, un fuseau et une corbeille à ouvrage. Arrivée à la maison de son époux, la mariée enduisait de graisse les montants de la porte et les enveloppait de bandelettes de laine. Le jeune homme lui demandait qui elle était. et elle répondait par la formule consacrée : *Où tu seras Caïus, je serai Caïa.* On la soulevait alors par-dessus le seuil pour que le dieu du seuil ne s'irritât pas de voir une étrangère pénétrer dans la maison. Elle se purifiait en touchant un vase d'eau lustrale et une torche enflammée, puis recevait de son mari une clef, symbole du gouvernement de la maison, et quelques pièces d'or comme présent. Un banquet terminait la cérémonie.

Ce mariage religieux était réservé aux patriciens. Aussi la loi romaine reconnaissait-elle une autre sorte de mariage, sans caractère religieux, appelé *coemptio* ou achat. Il consistait, en effet, en une cérémonie par laquelle on supposait que le jeune homme achetait la jeune fille. En présence d'un magistrat, il touchait une balance avec une pièce de cuivre, qu'il remettait ensuite aux parents de sa fiancée, comme le prix d'achat. Cette cérémonie d'achat n'était qu'une simple formalité. En fait, à Rome, comme de nos jours, la jeune fille recevait généralement une dot plus ou moins importante, qui lui revenait en cas de divorce.

L'ENFANT

La naissance d'un enfant était joyeusement accueillie par la famille. Pour annoncer la bonne nouvelle, on fleurissait la porte de la maison. Le neuvième jour après la naissance pour un garçon, le huitième pour une fille, avait lieu la *fête de la purification*, qui était une grande fête de famille. On réunissait tous les parents; la plus âgée des parentes prenait le nouveau-né et, pour le préserver des maléfices, elle lui frottait de salive le front et les lèvres.

Ce jour-là, l'enfant recevait son prénom. En général, tout humain portait trois noms : le prénom, le nom de la *gens* ou nom de famille et un surnom parfois hérité de ses ancêtres. Ainsi le grand orateur Cicéron s'appelait *Marcus Tullius Cicero* : Marcus était son prénom, Tullius son nom de famille et son surnom, Cicero, signifiait « l'homme au pois chiche » (du latin *cicer*, pois chiche), sans doute, dit Plutarque, parce qu'un de ses ancêtres avait eu, au bout du nez, une excroissance en forme de pois chiche.

Les filles étaient désignées par le nom de famille mis au féminin : la fille de M. Tullius Cicero s'appelait *Tullia*.

L'ADOPTION

Le Romain tenait avant tout à avoir un fils. Il fallait en effet quelqu'un pour continuer, après sa mort, le culte familial. Or une fille ne le pouvait pas, puisque, par son mariage elle abandonnait sa religion domestique pour celle de son mari. Il fallait donc que le Romain eût un fils : s'il n'en avait pas, il en adoptait un.

A cet effet, il s'entendait avec un autre Romain, qui avait plusieurs fils, et qui acceptait de lui céder tous ses droits sur l'un d'entre eux. Les deux hommes et l'enfant venaient devant le magistrat, et le père faisait semblant par trois fois de vendre son fils[1]. L'adopteur réclamait alors l'enfant comme son propre fils, et, devant le silence du père, le magistrat le lui accordait. Désormais l'enfant adopté perdait toute attache avec son ancienne famille et n'avait plus de devoirs qu'envers son père adoptif. Il prenait le nom de celui-ci en y ajoutant seulement un surnom supplémentaire qui rappelait le nom de son ancienne famille : le fils de Paul Emile, *Æmilius Paulus*, adopté par *Publius Cornelius Scipio*, s'appela *Publius Cornelius Scipio Æmilianus* : Scipion Emilien.

1. Un vieil article de la loi des Douzes Tables disait en effet que, si un père a vendu son fils trois fois, il n'a plus aucune autorité sur lui.

L'ÉDUCATION

L'enfant était élevé à la maison par sa mère jusqu'au jour où il allait à l'école. Il portait au cou une *bulle*, petit sachet contenant des amullettes qui devaient le protéger contre les mauvais sorts. Il était vêtu de la *robe prétexte*, ornée d'une bande de pourpre.

L'éducation du jeune Romain de famille aisée était avant tout pratique ; elle visait à faire de lui un bon soldat, bien entraîné aux exercices du corps, et un bon citoyen, capable de prendre la parole au Forum et de devenir magistrat. Dans les temps les plus anciens, le père se chargeait seul de l'éducation de ses fils : encore au second siècle, un Romain comme Caton ne voulait pas pour son fils d'autre maître que lui-même. Cependant, depuis longtemps déjà, il y avait à Rome des *écoles*, et les familles riches commençaient à employer des *précepteurs*.

En général l'enfant allait d'abord à une petite école de son quartier. N'importe qui, même un esclave ou un affranchi, pouvait ouvrir une école. Le maître d'école enseignait à lire, à écrire, à compter ; il faisait apprendre aussi par cœur quelques sentences morales ou quelques textes de lois. Pour écrire, les écoles avaient des *tablettes* de bois enduites de cire et se servaient d'un *style* ou tige de fer pointue.

Vers l'âge de douze ou treize ans, on passait à l'école du *grammairien*. Le maitre, assis sur un siège élevé comme aujourd'hui le professeur dans sa chaire, lisait et expliquait les textes des auteurs ou la loi des Douze Tables. Les élèves, assis devant lui sur des bancs, écrivaient sous sa dictée.

La discipline était très rude et les maitres usaient souvent des verges. *Plaute*, qui écrivait au second siècle, fait dire à un personnage de comédie : « Je suis sûr qu'à vingt ans, tu n'avais pas encore le droit de sortir sans ton gouverneur dont tu ne t'éloignais pas d'un travers de doigt. Si tu n'étais pas arrivé au gymnase dès la pointe du jour, le préfet du gymnase t'infligeait une correction plutôt lourde... Au retour tu prenais la tunique de travail et, assis sur un escabeau à côté de ton maitre, tu lisais. Et si tu manquais une syllabe, ta peau devenait toute tachetée! » (PLAUTE, *les Bacchis*, d'après la trad. Naudet, Garnier édit.).

Pendant longtemps l'éducation resta très rudimentaire à Rome. Elle ne se perfectionna qu'à partir du deuxième siècle av. J.-C., sous l'influence des Grecs. Il y eut alors à Rome, comme à Athènes et dans les grandes cités grecques, des écoles de *rhéteurs* : dans ces écoles, les jeunes gens s'exerçaient à l'éloquence, ce qui pouvait faciliter leur carrière politique. Mais les

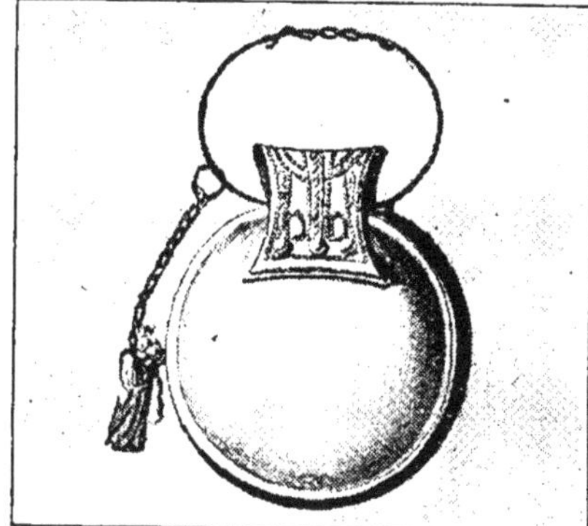

Photo Giraudon.

L'ENFANCE ET L'ÉDUCATION.

Musées du Louvre et de Naples.

La vie de famille tenait une plus grande place à Rome qu'à Athènes. En haut de la page, bas-relief — datant il est vrai de l'époque impériale — qui nous montre tour à tour le père regardant son bébé que la mère allaite, puis le tenant dans ses bras ; puis l'enfant, devenu garçonnet et jouant au cocher dans une voiture à chèvre. — Au-dessous, à gauche, la bulle que tous les enfants libres portaient au cou ; à droite, l'enfant récitant sa leçon au précepteur. — En bas, châtiment par les verges à l'école, d'après une fresque de Pompéi.

Romains, même les plus cultivés, n'eurent jamais, au même degré que les Athéniens, le goût des études désintéressées, le désir de s'instruire pour savoir, l'amour de la science et de l'art.

LA PRISE DE LA TOGE VIRILE

Dans l'année où il atteignait l'âge de dix-sept ans, le jeune Romain devenait citoyen. C'était l'occasion d'une cérémonie très importante qui avait lieu au mois de mars pendant les fêtes consacrées au vieux dieu *Liber*. Le jeune homme enlevait sa bulle et quittait la robe-prétexte pour prendre la *toge virile*, c'est-à-dire la toge blanche des hommes. Puis, entouré de ses parents et de ses amis, il allait se faire inscrire comme citoyen dans sa tribu. D'ailleurs, même après la prise de la toge virile, le Romain continuait à être dans la dépendance de son père.

LES FUNÉRAILLES

Quand un Romain venait à mourir, la famille célébrait avec le plus d'apparat possible ses funérailles, premier acte du culte des morts.

Le plus proche parent du défunt recueillait son dernier soupir dans un baiser suprême, tandis que tous ses parents l'appelaient à haute voix. Les employés des pompes funèbres procédaient ensuite à la toilette du mort, lavaient le corps, le parfumaient, le revêtaient de la toge. Puis pendant quelques jours on exposait le cadavre sur un lit d'apparat, dans l'atrium, et l'on plantait un cyprès devant la maison.

Au jour des funérailles le cortège funèbre se formait : en tête des musiciens jouant de la flûte, des pleureuses à gages qui se frappaient la poitrine et poussaient de grands cris, un mime qui contrefaisait les gestes, les paroles, les travers mêmes du défunt; puis le cadavre porté sur une litière, enfin les parents et les amis. Parfois, si le mort était un noble de grande famille [1], le cortège s'augmentait du défilé de toutes les images représentant les ancêtres et l'on s'arrêtait au Forum pour prononcer une oraison funèbre.

Puis on enterrait le corps ou on le brûlait. Dans le premier cas on plaçait le cadavre dans un cercueil ou *sarcophage* et les parents du mort jetaient un peu de terre par-dessus en formulant le vœu : « Que la terre te soit légère! » Mais le plus

1. Voir la définition d'un *noble* et du *droit d'images*, ci-dessous, chap. XIV

CÉRÉMONIE FUNÉRAIRE ET TOMBEAUX.

En haut, bas-relief du musée du Louvre qui représente la première cérémonie funèbre ou conclamatio *: le mort, étendu sur un lit qui a la forme de nos canapés modernes, vient d'expirer et les parents l'appellent à haute voix —* conclamant *— en se lamentant. — Au-dessous, la voie des tombeaux à Pompéi : chez les Romains il était interdit d'établir des cimetières à l'intérieur des villes ; les tombeaux s'alignaient le long des grandes routes à leur départ de la cité.*

souvent on brûlait le cadavre, après lui avoir coupé un doigt qui devait être enterré. On élevait un bûcher, on y plaçait le corps avec des armes, des vases, des vêtements, des offrandes de toutes sortes ; et on y mettait le feu en détournant la tête. Quand le corps était consumé, on éteignait la flamme en y versant du vin : les parents recueillaient les cendres dans une étoffe de lin, et les assistants se retiraient après qu'un prêtre les eût purifiés par quelques gouttes d'eau lustrale. Quelques jours plus tard on plaçait les cendres dans une urne qu'on déposait dans le tombeau ; toute la famille se réunissait en un banquet funèbre et l'on purifiait la maison, que la présence du mort avait souillée, en en balayant tous les recoins avec un balai de verveine.

Les *tombeaux* des riches étaient toujours construits hors de Rome, parce que la loi des Douze Tables interdisait d'enterrer ou d'incinérer les morts dans la ville même. On les trouvait le long des grandes routes : quelques-uns jalonnent encore aujourd'hui la *Voie Appienne*. Les pauvres gens étaient enterrés dans de fosses communes sur les pentes du mont Esquilin.

Riches ou pauvres, les morts étaient divinisés : ils devenaient *dieux mânes*[1] et étaient l'objet d'un culte. Sur tous les tombeaux on lisait l'inscription : « Aux dieux mânes. *Dis manibus.* »

1. Voir ci-dessus, page 37.

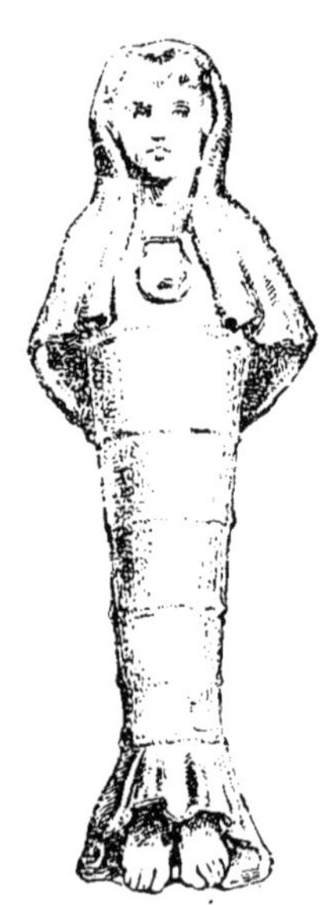

ENFANT AU MAILLOT.
D'après une terre cuite.

TABLE DES GRAVURES ET DES CARTES

N. B. — *Les cartes sont indiquées en caractères italiques.*

CHAPITRE VIII

RIVALITÉ DE ROME
ET DE CARTHAGE
LA PREMIÈRE GUERRE
PUNIQUE

CHAPITRE IX

HANNIBAL
LA SECONDE GUERRE PUNIQUE

CHAPITRE X

GOUVERNEMENT
DE LA RÉPUBLIQUE ROMAINE

CHAPITRE XI

LA FAMILLE ROMAINE

TABLE DES MATIÈRES

www.ingramcontent.com/pod-product-compliance
Ingram Content Group UK Ltd.
Pitfield, Milton Keynes, MK11 3LW, UK
UKHW021536260726
13993UKWH00002B/520

9 782329 307015